내 안에 잠든 엔진을 깨워라!

엔지니어 멘토 01

내 안에 잠든 엔진을 깨워라!

대한민국 최초로 자동차 엔진을 개발한
이현순의 도전 이야기

이현순 지음

우리가 기다리던 열정 멘토

교정을 거닐다 마주치는 학생들의 표정을 보면 대체로 무겁고 어둡다. 학과 공부하랴 '스펙' 쌓으랴 바빠도 이만저만 바쁜 게 아닐 것이다. 교수이자 대학 선배로서 이들의 모습을 보는 내 마음 또한 편치 못하다. 이들에게 조금이라도 도움이 됐으면 하는 마음에 덩달아 나도 요즘 이리 뛰고 저리 뛰고 바빠졌다.

나는 자동차를 좋아한다. 35년 전 미국 유학을 갔을 때 내가 원하는 곳 어디든 데려다주는 자동차를 보고 푹 빠졌다. 결국 잘 다니던 전기전자회사를 그만두고 자동차회사로 이직까지 했다. 사람들은 모두 내게 미쳤다고 했다. 미국에서 가장 살기 좋기로 소문난 캘리포니아를 떠나 척박하고 삭막하기만 한 디트로이트로 가는 사람은 별로 없기 때문이다. 그만큼 나는 자동차에 미쳐 있었다.

이 책의 저자는 나만큼이나 자동차를 사랑하는 사람이다. 정확히 말하자면 그는 자동차 엔진에 미친 사람이다. 세계적인 자동차회사인 GM(제너럴모터스)은 그에게 엔진을 마음껏 연구할 수 있는 환경은 물론 높은 연봉과 안정된 사내 복지까지 보장해줬다. 하지만 그는 그 모든 걸 버리고 한국으로 왔다. 그는 왜 그다지도 무모한 선택을 했을까.

이 책의 저자는 우리나라 최초 자동차 엔진을 만든 인물이다. 그가 엔진 개발을 시작했던 1980년대만 해도 우리나라는 자동차 엔진을 만들만 한 기술력이 없다고 모두가 생각했다. 하지만 그는 우리도 할 수 있다는 큰 꿈을 품고 도전했다. 더 이상 해외 기술력에 의존하지 않겠다는 그의 의지와 도전이 없었다면 현재와 같은 우리나라 자동차산업의 역사는 없었을 것이다.

지금 청춘들에게는 스펙을 쌓기보다는 자신을 먼저 살피는 시간이 필요하다. 지금 당장 내가 무엇을 가장 좋아하는지부터 골똘히 생각해보자. 수명이 점점 늘어나 앞으로 100년은 족히 넘게 살 텐데, 100년 동안 내가 어떤 커리어를 가지고 먹고 살 건지 고민할 시간이 필요하다. 그리고 그 커리어를 쌓는 방법은 반드시 남들과 달라야 한다. 남들과 똑같은 길, 선배가 걸어갔던 길을 그대로 따라가서는 성공하기 힘들다. 내가 쉬운 것은 남한테도 쉬운 것이고 내가 어려운 것은 다른 사람도 어려운 것이다. 결국 다른 사람들에게 어렵고 불가능한 것을 이뤄내는 것이 훨씬 가치 있는 일이 될 것이다.

세상에서 가장 행복한 사람은 자신이 좋아하는 일을 하는 사람이라고 한다. 나는 자동차를 연구하면서 하루도 지루한 날이 없었다. 이 책의 저자 역시 마찬가지였다. 남들이 불가능하다고 가지 않는 길이었지만 자동차를 좋아하는 마음으로 뚝심 있게 걸어나갔고, 결국 자신의 꿈을 이루게 됐다. 이 책은 그의 열정과 땀의 기록인 셈이다. 방황하는 미래의 엔지니어들에게는 이만한 멘토가 없다고 생각한다. 그리고 아직도 자신의 길을 찾지 못한 청년들에게는 이 책이 이정표가될 것임을 확신한다.

선우명호(한양대학교 부총장·미래자동차공학과 교수)

목차

5 나만의 기술이 세상을 움직인다

정신적 빈곤의 시대를 살아가는
대한민국 청년들에게

1984년 봄, 나는 큰 포부를 안고 김포공항에 도착했다. 엔진 기술을 배우기 위해 미국으로 유학을 떠난 지 8년 만이었다. 그때까지 나는 대학원을 마치고 GM(제너럴모터스)에서 자동차 엔진 연구원으로 일하고 있었다.

현대그룹의 故정주영 회장은 자동차 기술의 꽃이자 심장인 엔진을 우리 기술로 개발하길 누구보다 바라고 있었다. 그리고 오랫동안 나에게 같이 자동차 엔진을 개발해 보자고 설득해왔다. 결국 나는 현대자동차로 가기로 마음먹고 GM에 사표를 냈다. 사표를 받은 상사가 나를 극구 말렸다. 현대자동차 같은 후발 업체에서 아무리 열심히 해봤자 GM 같은 선진 자동차회사를 따라잡을 수 없다는 것이었다. 나는 엔지니어로서 포부가 컸고 내가 가진 기술에 대한 자신감도 있었기에 결심을 바꾸지 않았다.

하지만 현대자동차에 첫 출근을 했을 때의 막막함은 아직도 생생하다. 당시 정주영 회장은 나에게 고작 부하 직원 다섯 명을 소개시켜준 게 전부였다. 월급도 GM에서 받던 금액의 3분의 1로 줄었다. 심지어 엔진 개발 연구소는 건물 시공조차 들어가지 못한 상태였다. GM에서 물질적 혜택을 누리며 하고 싶은 연구를 마음껏 하던 내게 현대자동차의 환경은 열악하기 그지없었다. 하지만 나는 개의치 않았다. 그런 것들을 고려했다면 애초에 한국으로 돌아오지도 않았을 것이다.

내 머릿속은 오직 하나의 목표로 가득 차 있었다. 내 손으로 자동차 엔진을 개발해 보겠다는 꿈! 패기 넘치는 젊은 엔지니어가 인생을 걸어볼 만한 도전이었다. 그 꿈이 없었다면 남들이 부러워하는 번듯한 직장을 버리고 한국으로 돌아오지 않았을 것이다.

그렇지만 현대자동차에서의 생활은 결코 녹록치 않았다. 하나부터 열까지 새로 시작해야 한다는 것은 문제가 되지 않았다. 현대자동차에서 맞닥뜨린 가장 큰 벽은 사람들의 뿌리 깊은 고정관념이었다. 우리 기술력으로는 절대 엔진을 개발할 수 없다는 패배의식, 기술로 승부하겠다는 근성보다는 선진 기술에 의존하려고만 하는 안일한 태도.

입사 첫날부터 직속상관은 나를 몰아붙였다.

"자네가 하겠다는 그 엔진 개발 말이야, 내가 보기엔 될 일이 아니야. 자네가 대체 무슨 꿍꿍이로 여기까지 온 건지 모르겠군!"

그의 표정에는 의혹과 불신이 가득했다.

당시만 해도 현대자동차 내부에서 우리 힘으로 엔진을 개발할 수 있다고 믿는 사람은 거의 없었다. 그럴 만도 했다. 현대자동차는 그때까지 자체적으로 엔진을 만들어본 적이 없었다. 당시 현대자동차는 해외에서 엔진 기술을 사와서 차체만 겨우 조립해서 수출하고 있었다. 중역들은 행여 우리가 독자 엔진을 개발한다는 사실이 해외에 알려질까 봐 노심초사했다. 심지어 나를 사기꾼으로 모는 이들도 있었다.

"말이 좋아 독자 엔진이지, 미쓰비시도 만들기 어려운 엔진을 어떻게 만들겠다는 거야? 나이도 어리고 경력도 많지 않은 사람이 사기를 쳐도 정도껏 쳐야지!"

그들은 틈만 나면 나를 모함하고 엔진 개발 프로젝트를 방해했다.

열렬한 환호를 기대한 것은 아니었다. 하지만 한 번도 기술 개발에 대한 자신감을 가져보지 못한 엔지니어들의 두려움과 고정관념은 생각보다 견고했다. 나는 그 벽부터 깨야 했다. 그 벽을 깰 수 있는 유일한 방법은 우리 힘으로 독자 엔진을 개발해내는 것뿐이었다.

놀아보면 내 인생은 도전의 연속이었다. 나는 늘 성공 확률이 20, 30퍼센트밖에 되지 않는 일에 도전해왔다. 38년 전 미국으로 유학 갔을 때, 우리나라는 내세울 것 하나 없는 가난한 나라였다. 나 역시 뉴욕주립대학교에서 장학금을 주지 않았다면 유학은 꿈꾸기도 어려웠을 것이다. 전쟁으로 모든 것이 무너진 나라에서, 세계 최고의 엔지니어가 되겠다는 도전 정신 하나로 여기까지 온 셈이다.

엔진을 개발할 때도 마찬가지였다. 자동차를 만드는 회사라면 당연히 엔진을 우리 손으로 만들어야 한다고 믿었다. 아무도 할 수 없다고 여기는 것을 내 손으로 이뤄내고 싶은 오기도 있었다. 우리가 독자 엔진을 개발할 수 있었던 건 따져보면 엔지니어로서의 도전 정신 덕분이었다.

이 책을 쓰겠다고 결심했을 때 한편으로는 내 얘기가 구시대 엔지니어의 성공담처럼 들리지 않을까 걱정했다. 우리 기업의 위상과 기술 수준이 몰라보게 달라진 지금, 이 시대 젊은이들이 맞닥뜨린 환경과 30년 전 1세대 엔지니어로서 내가 겪은 상황이 딱 들어맞지 않으리라는 것도 잘 알고 있다.

나는 평생을 엔지니어의 길을 걸어왔다. 30년 전에도 나는 우리만의 기술을 개발하겠다는 꿈에 부풀어 있던 한낱 젊은 엔지니어였다. 모두가 안 된다고 할 때 새로운 가능성을 발견하는 것, 실패에 실패를 거듭하면서도 포기하지 않고 겁 없이 도전하는 것. 그것밖에 할 줄 몰랐지만 시대가 바뀌고 기술 수준이 달라졌다고 해도 그때나 지금이나 엔지니어에게 필요한 소양은 다르지 않다고 확신한다.

나는 지금도 경쟁 회사들의 방해를 견디며 독자 엔진을 개발했던 현대자동차 시절이 내 인생의 황금기였다고 생각한다. 손에 기름때를 묻혀가며 엔지니어들과 동고동락했던 그 시절은 내 인생에서 가장 빛나던 시절이었다.

이 책을 통해 그런 경험들을 전해주고 싶었다. 내로라하는 선진국 엔지니어들과 경쟁하면서 독자 기술로 세계시장에 우뚝 선 1세대 엔지니어들의 모험담을 말이다. 물질적인 풍요와는 대조적으로 정신적 빈곤의 시대를 살아가는 젊은이들이 내 이야기를 통해 이 시대에 필요한 도전 정신을 수혈받을 수 있다면 더 이상 바랄 게 없겠다.

1

무엇을 할 것인가
vs
어떻게 살 것인가

나는 의대에 가든 공대에 가든

내 능력을 마음껏 펼치기를 바랐다.

그래서 공대에 진학해서도 망설임 없이

전공 공부에 매진했다.

자신의 능력에 한계를 두지 않고

순간순간의 선택에 최선을 다할 때

예상한 것 이상의 결과를 이룰 수 있다고

나는 믿는다.

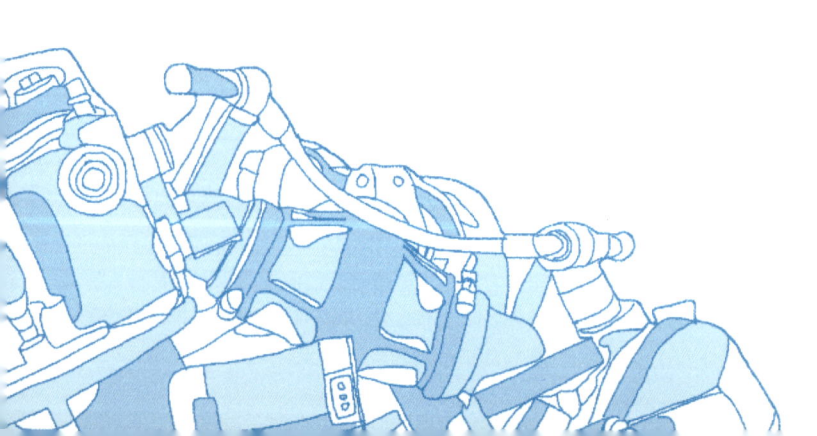

전쟁의 폐허 속에서 자란 아이

사람들은 내게 이렇게 묻기를 좋아한다.

"언제부터 엔지니어를 꿈꾸셨나요?"

내가 '한국 최초 자동차 엔진 개발자'라는 타이틀을 가지고 있어서인가. 사람들은 내게 어린 시절에 남다른 점이 있을 거라고 기대하면서 이런 질문을 하곤 했다. 어쩌면 그들은 어릴 때부터 기계를 해부하고 조립하기를 좋아한 천재 엔지니어의 이야기를 듣고 싶은 건지도 모르겠다. 하지만 내 어린 시절은 그렇게 대단하거나 유별나지 않았다. 오히려 그때는 무언가를 꿈꾸는 것조차 사치라고 여길 만큼 척박한 시절이었다.

나는 한국전쟁이 일어난 해에 태어났다. 전쟁이 삶의 터전을 휩쓸고 지나간 뒤, 영영 복구되지 않을 것 같은 폐허 속에서 유년기를 보냈다. 그때만 해도 시내 한복판에 무너진 채 방치된 건물들을 어렵지 않게 볼 수 있었다. 당시 내 또래의 아이들은 그런 환경을 당연하게 받아들이며 자랐다. 동족상잔의 비극이니, 전후 복구 사업이니 하는 것들은 모두 어른들의 세계에 속해 있었다. 우리는 그저 무너진 도시의 이곳저곳을 놀이터마냥 누비며 놀 거리를 찾기에 바빴다.

자동차에 대한 맨 처음 기억은 1950년대 중반 무렵, 내가 다섯 살 때로 거슬러 올라간다. 그때는 우리나라에 차가 참 귀했다. 시내에서 자동차를 구경하기가 쉽지 않았다. 미군용 지프나 기습적으로 하늘을 가르며 날아가는 전투기를 보는 것이 더 흔한 시절이었다.

내가 처음 타본 차 역시 지프였다. 옆집에 미군 대위가 살고 있었는데, 내 기억에 그 집이 미군 병원으로 쓰였던 것 같다. 병원을 드나드는 미군들이 가끔 호기심 많은 동양인 꼬마에게 호의를 베풀어 지프 옆 좌석에 태워줬다. 나는 부릉부릉하고 시동만 걸면 쌩쌩 달리는 자동차가 마냥 신기했다. 그때만 해도 공장에서 만들어 나오는 장난감은 찾아볼 수도 없었다. 갖고 싶은 장난감이 있으면 무엇이든 만들어야만 했다. 우리 집 삼형제는 관심사도 비슷해서 갖고 노는 장난감도 고만고만했다. 대강 자른 나무토막에 못을 박아 자동차를 만들고, 종이 상자를 오려 붙여 비행기를 만들었다. 서툰 솜씨로 엉성하게 만든 것이었지만 그것만 갖고도 하루 종일 시간 가는 줄 모르고 놀 수 있었다.

초등학교 때는 광석 라디오를 만들었다. 광석 라디오는 반도체 광물을 이용해 공중에 떠다니는 고주파 신호를 우리가 들을 수 있는 오디오 신호로 바꿔주는 라디오로, 1960년대 학교 앞 문방구에서 어렵지 않게 재료를 구할 수 있었다. 비교적 간단하게 조립할 수 있는 데다 철사 줄에 악어 집게만 연결하면 소리가 나는 터라, 또래 아이들에게 인기가 좋았다. 광석 라디오는 나무로 만든 자동차나 종이비행기와는 차원이 다른 장난감이었다. 비록 안테나에서 받은 미약한 전파때문에 소리가 작고, 수신 범위도 넓지 않아 잡혔다 끊겼다 했지만 라디오가 흔하지 않던 시절엔 최고의 놀잇감이었다. 이렇게 어릴 때부터 장난감을 직접 만들어서 갖고 놀거나 놀잇감의 작동 원리를 생각하며 놀다보니 자연스럽게 무언가를 직접 만드는 것에 대한 두려움같은 건 없었다.

세상 어디에도 없는 고집쟁이

어렸을 때 나는 아주 고집이 센 아이였다. 남들이 뭐라고 하든지 내가 아니라고 생각하는 일에는 절대 물러서지 않았다. 한번은 이런 일도 있었다. 초등학교 4학년 과학 시간 때, 선생님이 식물의 생장에 대해 설명하고 있을 때였다.

"나팔꽃은 담쟁이처럼 제 힘으로 서서 자라지 못하고 다른 나뭇가지나 줄을 타고 올라가는 덩굴식물이야. 그런데 신기하게도 줄기가 한 방향으로만 감고 올라간단다. 이렇게 오른쪽으로 감고 올라가는 거 보이지?"

선생님이 나팔꽃 사진을 보여주면서 말했다. 유심히 듣고 있던 나는 뭔가 이상하다는 생각이 들었다. 그래서 번쩍 손을 들었다.

"선생님!"

"그래, 현순아. 궁금한 거 있니?"

"네, 선생님. 전 아닌 것 같은데요?"

"뭐가 아니라는 거지?"

선생님이 되물었다.

"선생님이 방금 그러셨잖아요. 나팔꽃 줄기가 오른쪽으로 감고 올라간다고요."

"그랬지. 그런데?"

"제가 보기엔 왼쪽으로 감고 올라가는 것 같은데요."

그러자 선생님이 내 자리까지 와서 친절하게 설명해줬다.

"현순아, 잘 봐. 이렇게 왼쪽에서 오른쪽으로 감고 올라가는 거 보이지?"

선생님은 손가락으로 나팔꽃 줄기의 왼쪽 끝 부분을 가리키면서 거기서부터 오른쪽으로 감고 올라가는 줄기 모양을 허공에 그려 보였다. 선생님 말씀대로 하면 나팔꽃이 오른쪽으로 감고 올라가는 게 맞았다. 하지만 나는 나팔꽃 줄기의 오른쪽 끝을 짚으며 말했다.

"선생님, 이쪽에서 시작하면 오른쪽에서 왼쪽으로 감고 올라가는데요?"

그러자 선생님이 나를 물끄러미 쳐다봤다.

"너는 왜 그쪽에서 보는데?"

나도 지지 않고 말했다.

"선생님은 왜 그쪽에서 보시는데요?"

"뭐라고? 이 녀석이! 너 어디서 선생님한테 말대꾸야?"

나는 답답한 마음에 다시 말했다.

"말대꾸한 게 아니에요. 보세요, 선생님. 여기서부터 시작하면 분명 왼쪽으로 감고 올라가잖아요."

그러자 선생님은 더 이상 참을 수 없다는 듯 말했다.

"이 녀석, 끝까지 말대꾸네. 안 되겠다. 너, 지금 당장 뒤에 가서 서 있어."

나는 억울했지만 선생님 말씀을 거역할 수 없어 교실 맨 뒤에 가 섰다. 하지만 아무리 생각해도 너무 억울했다. 선생님에게 대들려고 한 게 아니라 내 눈에는 그렇게 보이니까 그렇다고 한 것뿐인데. 나는 혼자 씩씩대다가 그만 울음을 터뜨리고 말았다. 참으려고 해도 눈물이 그치지 않았다.

"이현순, 너 뭘 잘했다고 울어? 다음에 또 그럴 거야?"

"……."

나는 눈물을 흘리면서도 잘못했다는 말은 절대 하지 않았다. 내가 뭘 잘못했는지 알 수 없었기 때문이다.

"이 녀석, 고집 하나는 알아줘야겠네. 다음부터는 조심해."

선생님은 내 머리에 꿀밤을 한 대 먹이고는 교실을 나갔다.

지금 생각하면 선생님 말씀이나 내 말이나 어느 한쪽이 틀렸다고 할 수 없다. 선생님 말씀대로 왼쪽을 시작점으로 하면 나팔꽃은 오른쪽으로 감고 올라가는 것이고, 내가 말한 것처럼 오른쪽을 시작점으로 하면 왼쪽으로 감고 올라가는 것이기 때문이다. 한마디로 말해서 기준을 어디에 두느냐에 따라 같은 현상도 다르게 설명할 수 있다.

돌아보면 나는 선생님 말씀을 스펀지처럼 100퍼센트 흡수하는 아이는 아니었다. 오히려 선생님 말씀이 맞는지, 맞지 않다면 왜 그런지 스스로 고민하고 답을 찾는 아이에 가까웠다. 수업을 들을 때도 그대로 외우기보다는 남에게 설명할 수 있을 정도로 정확하게 이해하려고 노력했다. 이해가 되지 않으면 이해가 될 때까지 질문을 퍼부었다. 고등학교 물리 시간에는 선생님이 설명하는 '플레밍의 법칙'이 내가 이해한 것과 달라서 수업 시간 내내 논쟁을 벌인 적도 있다. 결국 선생님은 다음 시간에 자료를 더 찾아보고 와서는 내 말이 맞다고 인정해 줬다.

물론 매사에 반론을 위한 반론을 하거나 무턱대고 반항을 하는 것은 바람직하지 않다. 하지만 적어도 엔지니어에게는 자기가 맞다고 생각하는 것을 끝까지 믿어붙일 수 있는 소신이 필요하다. 엔지니어는 기존의 방식을 답습하는 사람이 아니라 새로운 것을 개발하는 사람이기 때문이다. 남의 말을 비판 없이 받아들이기보다는 무엇이든 스스로 생각하고, 집요하게 물고 늘어져 자기만의 해답을 찾아나갈 때 엔지니어로서 실력을 키울 수 있다.

아버지 고집만큼은 꺾지 못하다

    나는 삼형제 중에 둘째로 태어났다. 사실 둘째는 집안에서 조금 애매한 위치일 때가 많다. 첫째는 장남이라서 대우를 받고 셋째는 막내라서 귀여움을 독차지하는데, 둘째는 그런 특혜가 별로 없기 때문이다. 스스로 노력해서 두각을 나타내지 않으면 눈에 띄기가 어려운 처지다.

    아버지는 특히 장남에 대한 기대가 남달랐다. 그래서 형을 대하는 태도도 다른 형제들과 사뭇 달랐다. 나는 그런 아버지에게 인정받고 싶어서 뭐든지 기를 쓰고 열심히 했다. 거기다 자존심이 세고 지는 것이 싫어, 형이 하는 거라면 무엇이든 똑같이 해야 직성이 풀렸다. 형이 할 수 있는 일이라면 나도 할 수 있다는 것을 증명하고 싶었다. 그것도 이왕이면 형보다 잘하려고 했다. 하지만 형이 공부를 상당히 잘했기 때문에 웬만큼 잘해서는 인정받기 어려웠다. 그러다보니 내 목표는 점점 높아졌다. 언제나 간신히 이룰 수 있을 만큼 높은 목표를 세웠고, 그것을 이루기 위해 아등바등했다. 지금 생각하면 유치하지만 그런 경쟁심이 공부를 열심히 하는 데 동기부여가 됐던 것이 사실이다. 가장 가까이에 있던 형이 나의 가장 치열한 경쟁자였던 셈이다.

돌아보면 어린 시절부터 엔지니어가 돼야겠다는 구체적인 꿈을 가졌던 것은 아니었다. 다만 무슨 일을 하든지 최고가 되고 싶다는 막연한 생각은 가지고 있었다. 그런 방향성이 있었기에 인생의 중요한 갈림길에서 후회 없는 선택을 할 수 있었던 것 같다.

내가 학교를 다닐 당시에는 대학교뿐 아니라 중·고등학교도 원하는 학교에 지원해서 시험을 봐야 들어갈 수 있었다. 중학교에 들어갈 때가 되자 아버지는 나에게 서울중학교에 가라고 했다. 공부를 제법 했던 나는 경기중학교에 갈 생각을 하고 있었다. 두 학교 모두 명문이었지만 경기중학교의 인지도가 좀 더 높았고 입학 섬수도 높았기 때문이다. 하지만 아버지의 생각은 달랐다. 아버지는 내가 중학교 원서를 넣을 때까지 줄곧 서울중학교를 고집했다.

"아버님, 현순이는 경기중학교에 갈 성적이 충분히 되는데, 왜 굳이 서울중학교에 보내려고 그러세요?"

담임선생님도 만류했지만 아버지는 막무가내였다.

"내 자식 내가 서울중학교에 보내겠는데, 선생님이 왜 안 된다고 하시는 겁니까?"

아버지는 담임선생님을 설득하지 못하자 교장선생님까지 찾아가서 기어이 서울중학교 원서를 받아왔다. 영문도 모른 채 서울중학교에 가게 된 나는 무척 자존심이 상했다. 나보다 성적이 낮은 아이들도 다 경기중학교에 원서를 냈기 때문이다.

"아버지, 저도 경기중학교에 가고 싶어요. 형은 경기중학교에 갔는데, 왜 저는 서울중학교에 가야 돼요? 저도 경기중학교 보내주세요."

하지만 고집 센 나도 아버지 고집만은 꺾을 수 없었다. 아무리 하소연해도 소용없자 나는 시험을 치지 않겠다고 떼를 쓰며 울었다. 하지만 아버지에게는 그마저도 통하지 않았다. 나는 결국 서울중학교 시험을 볼 수밖에 없었다.

나중에 안 사실이지만 아버지는 세 아들을 각각 다른 중학교에 보낼 생각이었다고 한다. 형이 경기중학교에 갔으니 나는 서울중학교에 보내고 막내는 경복중학교에 보낼 계획이었던 것이다. 그러면 나중에 삼형제가 사회에 나왔을 때 보다 넓은 인맥을 가지고 서로 도와가며 사회생활을 할 수 있을 거라고 생각한 것이다.

중학교 첫 시험에서 맛본 좌절

중학교 생활은 출발부터 순조로웠다. 입학시험 결과 나는 전교에서 2등, 반에서 1등이었다. 원래부터 승부욕이 강한 데다 남한테 지고는 못 사는 성격인데, 입학 성적까지 좋으니 자신감이 하늘을 찌를 듯했다. 공부는 하던 대로만 하면 1등일 것이고, 십도 가까우니 수업이 끝나면 학교 운동장에서 마음껏 공차기를 하며 놀 수 있었다. 공차기가 시들해지면 친구들과 어울려 산으로 들로 쏘다니면서 스트레스를 풀었다. 내 책가방 속에는 논에서 잡은 개구리가 들어 있었고, 조만간 뱀을 잡으러 갈 계획도 세워두었다. 그때는 세상이 온통 나를 중심으로 도는 것 같았다.

그렇게 기세등등하던 내게 첫 번째 시련이 찾아왔다. 중학교에 들어와서 첫 시험을 치르고 난 후였다. 여느 때처럼 운동장에서 공차기를 하고 있는데, 담임선생님이 나를 불렀다. 나는 영문도 모른 채 교무실로 달려갔다. 선생님은 나를 쳐다보지도 않고 성적표만 들여다봤다.

"이현순, 너 요새 무슨 일 있냐?"

"네?"

선생님은 대답 대신 성적표를 내밀었다.

"무슨 일이 있지 않고서야, 성적이 어째 이 모양이야?"

나는 의아한 마음으로 성적표를 들여다봤다. 성적표에는 반 아이들의 성적이 등수 순으로 죽 나열돼 있었다. 보통 내 이름은 앞에서 찾는 게 훨씬 빨랐다. 하지만 그날은 어쩐 일인지 한참을 내려가도 내 이름을 찾을 수 없었다. 결국 성적표의 끝까지 가서야 내 이름을 발견할 수 있었다. 54등. 보고도 믿을 수 없는 등수였다. 우리 반 60명 중에 54등이라니! 태어나서 한 번도 받아본 적 없는 등수였다.

"너 정신이 있는 거야 없는 거야? 공부 좀 하는 줄 알았더니 이게 뭐냐? 얼른 책가방 싸라. 부모님 좀 뵈어야겠다."

얼결에 선생님을 모시고 집으로 갔다. 말할 수 없이 심정이 복잡했다. 어쩌다 그런 성적을 받게 됐는지 이해할 수가 없었다. 부모님에게는 뭐라고 말을 해야 할지, 또 얼마나 꾸중을 들을지 걱정이 이만저만이 아니었다.

"안녕하세요? 어머님, 현순이 담임입니다."

"어머, 선생님이 웬일이세요?"

어머니는 놀란 표정으로 선생님을 맞이했다. 그러고는 뒤따라 들어

오는 나에게 무슨 일인지 눈빛으로 물었다. 나는 고개만 푹 떨굴 뿐이었다.

"다름이 아니라 어머님, 현순이 성적이 많이 떨어졌습니다. 아니 어떻게 일등으로 들어온 녀석이 5등, 10등도 아니고 54등까지 떨어질 수가 있습니까?"

선생님은 앉자마자 내 성적표를 펼쳐보이며 성토했다. 나는 쥐구멍에라도 들어가고 싶은 심정이었다. 이런 내 성적을 나도 믿을 수가 없는데 어머니는 오죽할까. 하지만 어머니는 한동안 선생님 얘기를 귀담아듣더니 이렇게 말했다.

"선생님, 너무 걱정하지 마세요. 우리 현순이는 둘째가라면 서러워할 정도로 공부를 열심히 하는 아이예요. 아마 이번에 무슨 실수가 있었나 봐요."

어머니는 평소처럼 따뜻한 미소를 내게 건네줬다. 나는 눈물이 핑 돌았다.

우리 어머니는 일제강점기 시절에 서울로 유학와서 중학교와 고등학교 공부를 마치고 공주사범대학을 졸업했다. 학교를 졸업하고 교직에 있었기 때문에 학생들의 마음을 누구보다 잘 이해했다. 게다가 엄한 아버지 밑에서 둘째라고 홀대 받는 나를 누구보다 배려하고 아껴 주는 분이었다. 나는 그런 어머니에게 실망을 안겨준 것이 너무나 미안했다.

"선생님, 이번 한 번만 봐주세요. 곧 제 성적을 찾을 거예요, 그렇지

현순아?"

어머니의 물음에 나는 눈물이 그렁그렁한 채 고개만 끄덕였다. 그러자 선생님도 더는 할 말이 없는지 자리에서 일어났다.

"그럼 전 어머니 말씀만 믿고 가보겠습니다. 현순아, 어머니께서 이렇게까지 말씀하시니 오늘은 그냥 간다만, 앞으로 정신 똑바로 차려야 한다. 알았지?"

그날 나는 방에 틀어박혀 몇 시간 동안 꼼짝도 하지 않았다. 그제야 내 모습이 제대로 보이는 듯했다. 중학교 입학 성적이 조금 잘 나왔다고 하늘 높은 줄 모르고 기고만장했던 내 모습이 부끄러웠다.

그렇게 나는 중학교 첫 시험 이후 처음으로 나 자신을 돌아보게 됐다. 그동안은 공부가 그리 어렵지 않았다. 수업 시간에 선생님 말씀을 잘 듣고 예습과 복습만 잘해도 충분히 상위권을 유지할 수 있었다. 나는 그것이 내가 원체 똑똑하기 때문인 줄만 알았다. 하지만 그제야 현실을 깨달았다. 학생들 모두 능력이 고만고만하며, 차이가 있다 해도 그리 크지 않다는 것을. 승부를 가르는 것은 아주 조그만 차이였다. 그리고 그 차이는 타고난 머리보다는 꾸준한 노력으로 좌우되는 것이었다.

게다가 서울중학교는 경기중학교 못지않게 공부를 잘하는 아이들이 모여 있는 학교였다. 머리만 믿고 방심하다가는 언제든 뒤쳐질 수 있었다. 현실을 알게 된 나는 다시는 성적 때문에 자존심을 구기고 싶지 않았다. 그래서 그때부터 진지하게 공부하기 시작했다. 방과 후 공차기도 그만두고 수업이 끝나면 바로 집에 와서 복습을 시작했다. 수업 시간에 더 이상 짓궂은 장난도 치지 않았다. 당시에는 지금처럼 컴퓨터나 텔레비전도 없었고, 학생 신분으로 영화관에 갈 수도 없었으니 사실 할 수 있는 게 공부밖에 없기도 했다. 그렇게 공부에 집중한 덕분에 다음 기말 시험에서는 4등까지 등수를 회복할 수 있었다.

물론 그 뒤로는 어떤 시험에서도 떨어져본 적 없다. 고등학교 입학 시험은 물론이고 대학교 입학시험, 유학까지 인생의 중요한 시험에서 늘 기대 이상의 성과를 거두었다. 지나고나서 생각해보면 54등이라는 성적은 내 인생의 예방주사와도 같았다. 당시에는 엄청난 충격을 받았지만 생각지도 못한 좌절을 겪었기에 나 자신을 찬찬히 돌아볼 수 있는 계기가 됐다. 그러고나서는 자만하지 않고 항상 최선을 다할 수 있었다.

무엇을 할 것인가 vs 어떻게 살 것인가

어렸을 때부터 하고 싶은 일을 확실하게 생각해둔 사람도 있겠지만 나는 진로가 그리 명확한 편은 아니었다. 그저 막연하게 의사나 생물학자가 되면 좋지 않을까 하고 생각했다. 그도 그럴 것이 어렸을 때부터 나는 살아있는 것들을 관찰하는 것을 무척 좋아했다. 곤충 채집은 물론 개구리나 뱀을 잡으러 다니는 무리에는 절대 빠지는 법이 없었다. 학교 다닐 때는 특별 활동으로 줄곧 생물반에 들었고, 쥐와 토끼를 해부하는 시간이 늘 보람됐었다. 그래서 막연히 외과의사가 되고 싶다는 생각까지 했던 것 같다.

그런데 내가 의대에 가고 싶다고 하자 담임선생님이 대뜸 아버지를 모시고 오라고 했다. 당시에는 성적이 우수한 학생들이 의대보다 공대에 진학하는 분위기였다. 요즘 공부 잘하는 학생들이 의대로 몰리는 것처럼 말이다. 거기다 아버지도 공대 출신이었다. 아버지와 담임

선생님의 면담은 당연히 내가 공대에 진학하는 것으로 결론이 났다. 어찌보면 부모님과 선생님의 권유로 진로가 바뀐 셈이다.

내가 이런 얘기를 하면 사람들은 의대에 가지 않은 것을 후회하지 않느냐고 묻는다. 물론 의대에 갔으면 적성을 살려 꽤 괜찮은 의사가 됐을 수도 있다고 생각한다. 하지만 공학을 전공한 것을 한 번도 후회해본 적 없다. 공대 수업도 내가 좋아하는 과목들로 구성돼 있었고, 적성에도 잘 맞았기 때문이다.

나는 사람이 살아가면서 반드시 이것 아니면 안 된다고 단정 지을 만큼 결정적인 순간은 그리 많지 않다고 생각한다. 인생은 순간순간의 작은 선택들이 모여서 완성되는 것이다. 의사가 되는 것이 나의 가능성 중 하나였듯이 엔지니어가 되는 것 역시 또 다른 가능성이었을 것이다. 중요한 것은 그러한 가능성 중에서 하나를 선택했을 때 얼마나 최선을 다하느냐다.

물론 자신이 좋아하는 것이 무엇이고, 잘하는 것이 무엇인지 제대로 아는 것은 매우 중요하다. 하지만 너무 일찍 자신의 진로를 정해 두고 그것 아니면 안 된다는 식으로 단정짓는 것은 바람직하지 않다. 특히 시대에 따라 기술이 빠르게 변하는 공학 분야에서는 더욱 그렇다. 큰 틀은 정해 두되 시대의 흐름에 따라 변하는 전망을 잘 살펴보고, 자신의 적성에 맞는 전문 분야를 탐색하는 것이 좋을 것이다.

나는 내 자신이 의대에 가든 공대에 가든 내 능력을 마음껏 펼칠 수 있기를 바랐다. 그래서 공대에 진학해서도 망설임없이 전공 공부에

매진했다. 자신의 능력에 한계를 두지 않고 순간순간의 선택에 최선
을 다할 때 예상한 것 이상의 결과를 얻을 수 있다고 나는 믿는다.

모든 것은 기본이 먼저

서울대 기계공학과에 입학하면서 본격적으로 공학도의 삶이 시작됐다. 기계공학과에서 나는 에너지를 어떻게 만들어 내는지에 대해서 주로 배웠다. 그러다보니 자연스럽게 에너지를 생성하는 동력원 중 하나인 엔진에 관심을 갖게 됐다.

공대 공부는 예나 지금이나 어렵다. 특히 공대 수학은 너무 어려워서 웬만큼 열심히 하지 않으면 수업을 따라가기가 벅차다. 대학 내내 나는 매일 실험을 하면서 전공 책 속에 파묻혀 살았다. 그러다 지치면 친구들과 테니스를 하거나 등산을 다녔다. 지금도 그렇지만 나는 운동을 무척 좋아하는 편이었다. 젊은 혈기에 친구들과 북한산 백운대나 치악산 꼭대기를 마라톤 하듯 기록을 다퉈가며 뛰어올랐다. 고단하고 삭막해보일 수 있는 대학 생활이었지만, 그 시절의 나는 뭐든지 제대로 해내겠다는 열정으로 똘똘 뭉쳐 있었다.

하지만 대학 시절에 대해 한 가지 아쉬운 점이 있다면 전공을 비효율적으로 공부했다는 사실이다. 내가 공부할 때는 미분방정식이나 물리 문제를 풀면서 그 답이 의미하는 바를 제대로 가르쳐주는 교수가 없었다. 그래서 늘 문제는 열심히 풀었지만 그 결과가 의미하는 바는 제대로 몰랐다. 한참 후에야 내가 열심히 풀었던 문제의 답이 가속도를 구하는 것이고, 관성력을 의미한다는 것을 이해하게 됐다. 그러자 문제를 푸는 방식이 달라졌고 훨씬 쉽게 본질에 접근할 수 있었다.

그래서 나는 지금도 가끔 공대 교수들을 만나면 단순히 문제를 잘 푸는 훈련을 시킬 것이 아니라 그 문제가 의미하는 바가 무엇인지를 가르치는 교육을 하라고 당부하곤 한다. 실제로 요즘은 컴퓨터로 계산을 하기 때문에 학생들이 직접 문제를 풀지 않아도 된다. 하지만 그것이 물리적으로 수학적으로 어떤 의미를 가지고 있는지는 정확히 알고 있어야 한다. 복잡한 계산을 통해 나온 답이 의미하는 바가 무엇인지 알아야 실제 기술 개발에 활용할 수 있기 때문이다.

나 또한 대학 시절에 어렵고 복잡한 문제들을 풀다보면 이걸 공부해서 어디에 쓸 수 있을까 궁금했다. 괜한 고생만 하는 게 아닐까 하는 의구심이 들기도 했다. 하지만 막상 엔지니어가 되어 본격적으로 엔진을 연구하기 시작했을 때 가장 기본이 되는 것은 공학도 시절에 배운 지식이라는 것을 깨달았다. 무슨 일이든지 기초를 충실히 다져놔야 나중에 정말 하고 싶은 일을 만났을 때 자신의 능력을 마음껏 펼칠 수 있는 법이다.

한국이 너무 좁아

엔진에 대해 보다 깊이 있는 공부를 하게 된 것은 군대에 가서였다. 마침 공군사관학교에서 교관을 뽑는다는 공지가 났다. 공군사관학교 기관실험실에서 엔진을 가르치던 교관이 전역을 해서 후임을 뽑는다는 것이었다. 나는 주저하지 않고 지원했다. 그리고 열한 명의 지원자 중에 운 좋게 선발됐다. 비행기 엔진을 연구할 수 있는 절호의 기회를 얻은 것이다. 당시 공군사관학교 기관실험실에는 비행기 엔진 수십 대가 갖춰져 있었다. 비행기 엔진뿐 아니라 군대에서 쓰는 트럭과 지프 엔진도 다수 보유하고 있었다. 여느 대학 실험실과 비교해도 결코 뒤지지 않는 시설이었다.

나는 기관실험실에서 비행기 프로펠러 엔진과 제트 엔진을 분해하고 조립하면서 4년을 보냈다. 동시에 사관생도들에게 내연기관과 로켓 엔진의 작동 원리나 비행 동력학, 추진공학 등의 과목을 가르쳤다.

기관실험실에서 비행기 엔진을 연구하는 일은 아무에게나 주어지지 않는 기회였다. 나는 실험실에 틀어박혀 연구하고, 강의를 하면서 비행기 엔진에 대한 지식을 스펀지처럼 흡수해 나갔다. 그러다보니 비행기 엔진 전문가라는 나름의 자부심도 갖게 됐다.

하지만 공부를 하면 할수록 갈증이 생기는 것은 어쩔 수 없었다. 어렵게 외국 논문을 구해 읽다 보면 우리나라 엔진 기술 수준이라는 게 아직 걸음마 단계라는 것을 인정하지 않을 수 없었다. 최고의 실력을 쌓고 싶었던 나는 점차 한국이라는 나라가 좁게 느껴졌다.

'엔진에 대해 더 체계적으로 배울 수는 없을까?'

당시에는 지금처럼 유학을 가고 싶다고 해서 아무나 갈 수 있는 시절이 아니었다. 정부에서 한 해에 600명만 선정해서 유학을 보내던 시절이었다. 하지만 그것이 내 열정을 꺾을 수는 없었다. 내가 몸담고 있는 분야에서 최고가 되고 싶다는 꿈으로 공군사관학교를 전역하자마자 나는 유학을 결심했다.

엔진 분야에서 뛰어난 대학을 찾다보니 미국 뉴욕주립대학교가 눈에 띄었다. 그 학교에는 로켓 엔진의 권위자인 어바인 교수가 있었다. 그는 학부에서 전자공학을 전공하고 세계 최고 수준의 연구 기관인 벨연구소에서 일하다가 로켓이 좋다는 순수한 마음에 다시 공부를 시작한 사람이었다. 나는 어바인 교수 밑에서 비행기 엔진을 본격적으로 연구하고 싶었다.

당시만 해도 우리나라에서 뉴욕주립대학교 기계공학과에 입학했다가 졸업한 사람이 한 명도 없었다. 그만큼 졸업하기가 쉽지 않은 학과 중의 하나였다. 하지만 나는 개의치 않았다. 선배가 없어 모든 것을 처음으로 시도해야 하는 입장이었지만 세계적으로 실력이 뛰어난 교수 밑에서 마음껏 연구를 할 수 있다면 다른 것은 문제가 되지 않는다고 생각했다. 나는 뉴욕주립대학교에 어렵사리 원서를 넣고 결과를 기다렸다.

2

오직
마음이 시키는 길로
가라

엔지니어로서 나의 능력을

마음껏 발휘해보고 싶다는 꿈이

한국 자동차산업이라는 시대적인 흐름과

톱니바퀴처럼 잘 맞물렸기에

더욱 크게 증폭될 수 있었다.

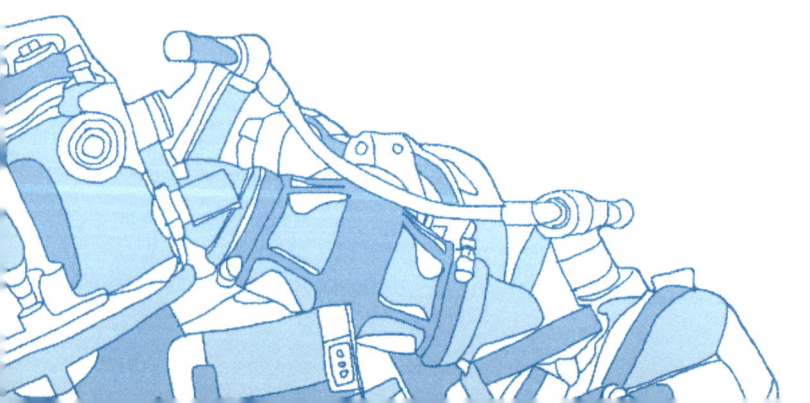

최고에게 배워라

한창 유학 준비를 하고 있을 즈음, 뉴욕주립대학교에서 입학 허가서와 함께 편지 한 통이 날아왔다. 편지에는 학기가 시작되기 전이지만 미리 와서 연구를 도와주면 좋겠다는 내용이 적혀 있었다. 그런데 편지를 보낸 사람은 내가 가르침을 받고 싶었던 어비인 교수가 아니라 같은 과의 오브라이언 교수였다. 의아한 생각이 들었지만, 서둘러 짐을 싸고 유학 절차를 밟았다. 이왕 유학을 결심했으니 하루라도 빨리 가서 적응하는 편이 낫다고 생각했다.

미국에 도착한 나는 숙소에 짐을 풀자마자 곧바로 오브라이언 교수를 찾아갔다. 오브라이언 교수는 나를 반갑게 맞아줬다.

"이 군, 반갑네. 학기가 시작되기도 전에 불러서 미안하군. 내가 이 군을 부른 건 급한 프로젝트가 있어서야. 우리 조교수와 함께 내일부터 당장 연구를 시작해 줬으면 하네."

"내일부터 당장 말입니까?"

"그렇다네. 할 일이 아주 많거든."

알고보니 오브라이언 교수는 내가 장학금을 받을 수 있게 신청 절차까지 모두 마무리한 것은 물론 연구실까지 마련해둔 상태였다. 나는 더 망설일 이유가 없었다. 하지만 어바인 교수가 마음에 걸렸다.

"저, 그런데……."

내가 말문을 열었다.

"그래, 더 할 말 있나?"

"혹시 어바인 교수님은 안 계십니까?"

"어바인 교수는 지금 러시아에 교환 교수로 가 있는데, 왜 그러나?"

"아, 아닙니다. 교수님 뜻대로 하겠습니다."

나는 인사를 마치고 연구실을 나왔다.

다음 날부터 나는 오브라이언 교수의 프로젝트에 투입돼 본격적으로 연구를 시작했다. 어느새 학기가 시작됐고, 한창 연구에 몰두하고 있을 때였다. 어느 날 러시아에서 돌아온 어바인 교수가 나를 호출했다. 내가 연구실에 들어서기 무섭게 그는 대뜸 이렇게 말했다.

"자네, 왜 오브라이언 교수 밑에 가 있나?"

"네?"

"자네는 내 연구 팀에 있어야 할 학생인데, 왜 거기 가 있냐는 말일세."

"저는 여기 왔을 때부터 쭉 오브라이언 교수님 밑에서 연구를 해왔습니다. 이미 교수님이 장학금과 연구실까지 다 마련해 주셨는데요."

"그래? 뭔가 착오가 있었던 모양이군. 알았으니 그만 가보게."

며칠 후 교수 회의가 소집됐다. 회의실에 들어서자 오브라이언 교수와 어바인 교수를 비롯해, 다섯 명의 기계공학과 교수들이 앉아 있었다. 사정을 들어보니 내가 미국에 오기 전에 두 교수가 모두 나를 자기 학생으로 선정한 모양이었다. 어바인 교수는 러시아에 가기 전에 비서에게 서류 신청을 부탁해놓고 갔고, 오브라이언 교수는 그런 사정을 알지 못한 채 나를 자기 학생으로 선정한 것이다. 말하자면 행정상의 착오가 있었던 셈이다. 러시아에서 돌아와 뒤늦게 이 사실을 알게 된 어바인 교수가 이를 바로잡고자 교수 회의를 소집한 것이었다.

어바인 교수는 전후 사정을 설명한 다음 나에게 말했다.

"자네에게는 미안하네만 일이 이렇게 됐으니 자네가 결정을 해야겠네. 어느 교수와 함께 연구하고 싶은가? 우리는 자네 뜻을 따르겠네."

난감하기는 나도 마찬가지였다. 답변을 기다리는 교수들 앞에서 나는 솔직하게 털어놓았다.

"지금 당장 결정하기 어려운 문제입니다. 생각할 시간을 좀 주시겠습니까?"

그렇게 회의가 마무리되고, 어바인 교수가 다시 나를 불렀다.

"내가 러시아에 갔다 오는 동안 이런 일이 벌어졌을 줄 누가 알았겠나. 자네가 이해하고 나와 함께 일해주게."

어바인 교수의 연구실을 나오자 이번에는 오브라이언 교수가 나를 찾았다.

"자네가 어바인 교수 밑에서 공부하고 싶어 하는 줄 내가 미처 몰랐네. 실수한 건 미안하지만 이왕 이렇게 된 거, 우리 연구실에서 계속 연구하는 게 어떻겠나. 이미 연구도 상당 부분 진척됐는데, 여기서 그만두면 자네나 나나 손해 아닌가."

두 교수는 모두 내가 자기와 함께 연구하기를 진심으로 바라고 있었다. 감사한 일이었지만 동시에 난감한 일이 아닐 수 없었다. 물론 내가 배우고 싶었던 사람은 당연히 어바인 교수였다. 그는 미국기계학회 회장까지 지낸 사람으로 엔진 분야에서 최고의 실력을 갖춘 학자였다. 하지만 이미 여러 달 동안 오브라이언 교수 밑에서 연구를 진행해온 터라 쉽게 결정할 수 없었다. 어바인 교수 밑으로 가게 된다면 지금까지 해온 연구가 모두 수포로 돌아가는 것이었다.

여러 날을 두고 고민한 끝에 나는 비로소 마음을 정할 수 있었다. 나는 본질에 집중하고 싶었다. 만약 하루라도 빨리 박사 학위를 받는 것이 목표였다면 오브라이언 교수 밑에서 연구를 계속하는 게 나았을 것이다. 하지만 나는 시간이 조금 더 걸리더라도 내가 배우고 싶은 분야의 최고 권위자에게 지도를 받고 싶었다. 최고의 실력을 쌓기 위해 미국까지 왔으니 처음 마음먹은 대로 다시 시작하는 게 옳다고 믿었다.

결정은 내렸지만 오브라이언 교수가 마음에 걸리는 것은 사실이었다. 같은 과에서 연구를 하고 있으니 앞으로 최소 3, 4년은 더 마주쳐야 할 것이다. 그때마다 불편하게 지낼 수는 없었다. 나는 고민 끝에 오브라이언 교수를 찾아갔다.

"그래, 결정은 했나?"

"예, 교수님. 교수님께는 죄송하지만, 어바인 교수님께 가서 배우고 싶습니다."

그러자 오브라이언 교수의 얼굴에 실망의 기색이 역력했다.

"자네 생각이 그렇다면 할 수 없지. 나도 더 이상은 말리지 않겠네."

나는 오브라이언 교수가 말을 마치기 전에 곧바로 내 의견을 전했다.

"하지만 지금 진행하고 있는 연구는 마무리하고 가겠습니다. 조금만 더 진행하면 1차 결과까지는 나올 것 같습니다. 그때까지 연구를 진행하고 나서 어바인 교수님께 가겠습니다."

그렇게 해서 나는 7개월 동안 오브라이언 교수의 연구 프로젝트를 진행하고 나서야 어바인 교수의 연구 팀으로 갈 수 있었다. 바라던 대로 내가 연구실에 들어서자 어바인 교수는 나를 반갑게 맞아줬다.

"어서 오게. 자네가 본의 아니게 시간을 허비했으니 내 밑에서 국제 저널에 논문 다섯 개만 발표하면 졸업시켜 주겠네. 그러니 열심히 하게."

어바인 교수는 내 어깨를 두드려줬다. 그의 말에 귀가 번쩍 뜨였다.

"교수님, 정말입니까?"

보통 5년 이상 걸리는 석박사 과정을 조금이라도 앞당길 수 있다는 것은 상당한 특혜였다.

"내가 자네한테 왜 거짓말을 하겠나? 그러니 앞으로 잘 부탁하네."

그렇게 나는 내가 하고자 했던 연구를 본격적으로 시작할 수 있었다.

시험도 안 보고 A라고?

대학원 수업은 학부 수업과는 비교가 되지 않을 정도로 빡빡했다. 더구나 영어가 익숙하지 않은 나는 수업에 적응하느라 상당히 애를 먹어야 했다. 하지만 누가 뭐래도 전공만큼은 자신이 있었다. 전공 과목에서는 영어가 그리 큰 비중을 차지하지 않은 데다 한국에서 기본기를 충실히 다져왔기 때문에 다른 학생들에게 뒤지지 않을 자신이 있었다.

한번은 교수가 미분 방정식 문제를 풀 때였다. 대학원 수학은 한 문제를 풀기 위해 칠판 하나를 다 써야 할 정도로 풀이가 복잡하다. 그날도 교수는 칠판 가득 문제를 푸느라 여념이 없었다. 교수가 문제 푸는 모습을 가만히 지켜보고 있던 나는 슬그머니 손을 들었다.

"교수님, 저는 다르게 풀 수 있습니다."

교수가 반신반의한 표정으로 나를 바라봤다.

"그래? 그럼 어디 한번 나와서 풀어보게."

나는 다른 학생들을 뒤로 하고 앞으로 나가 칠판 앞에 섰다. 내가 문제를 풀고 돌아서자 교수의 눈이 휘둥그레졌다. 그럴 만도 한 것이 교수가 서른 줄에 걸쳐 푼 문제를 나는 일곱 줄 만에 풀었던 것이다.

"자네, 이런 걸 어디서 배웠나?"

교수가 놀란 목소리로 물었다.

"책에서 배운 건 아니고, 이렇게 푸니까 항상 문제가 좀 더 빨리 풀렸습니다."

내 대답에 교수는 믿을 수 없다는 표정이었다. 그러더니 서둘러 칠판을 지우고는 새로운 문제를 하나 더 내줬다. 미분 방정식 문제 중에서 상당히 난이도가 높은 문제였다.

"그렇다면 이것도 한번 풀어 보게."

나는 그 문제도 어렵지 않게 풀 수 있었다. 이전 문제보다는 시간이 더 걸렸지만 이번에도 교수가 푼 것보다는 훨씬 간단한 방식으로 답을 낼 수 있었다. 그러자 교수는 놀란 표정으로 감탄했다.

"이런 간단한 방법이 있었다니 믿을 수 없군. 나는 몇 십 년 동안 학생들을 가르치면서도 이런 방법이 있는 줄 전혀 몰랐는데……."

실은 그 방법은 공군사관학교 교관 시절 생도들을 가르치면서 우연히 발견한 것이었다. 사관생도들을 가르칠 때 외국어로 된 원서 교재를 사용했는데, 비슷한 미분 방정식 문제를 하도 많이 풀다보니 어느 순간 이렇게 하면 좀 더 쉽게 문제를 풀 수 있지 않을까? 하는 간단한 해법이 떠올랐고, 그 방법을 적용해서 풀어봤더니 예상대로 훨씬 더 간단하게 풀 수 있었다.

교수는 감탄사를 연발하며 이렇게 말했다.

"내가 오늘 자네에게 좋은 방법을 배웠으니, 자네는 이 과목 시험을 보지 않아도 좋네. 무조건 A학점을 주겠네."

그렇게 해서 나는 그 과목을 시험도 보지 않고 A학점을 받을 수 있었다.

제가 교수님을 가르쳐드리겠습니다

오브라이언 교수와 연구하느라 남들보다 출발이 늦었던 나는 마음이 급했다. 다행히 지도 교수인 어바인 교수가 논문 다섯 편만 발표하면 졸업시켜 주겠다고 했으니 내가 할 수 있는 일은 하루라도 빨리 논문을 발표하는 것이었다. 남들보다 빨리 졸업하지는 못해도 최소한 늦게 졸업하고 싶지는 않았다. 그렇게 부지런히 연구를 하고 그 결과를 국제 저널에 발표하다 보니 시간이 쏜살처럼 흘러갔다. 이미 논문 다섯 편을 다 채운 상태였다. 2년 반 만의 일이었다. 늦었다는 생각에 더 부지런히 연구에 몰두했더니 예상보다 훨씬 빨리 논문 편수를 채우게 된 것이다. 나는 홀가분한 마음으로 어바인 교수에게 달려갔다. 교수는 책상 앞에 앉아 최신 연구 자료를 읽고 있었다.

"교수님, 해냈습니다!"

내 말에 그는 읽던 자료에서 눈을 들어 나를 바라봤다.

"해냈다니 뭘?"

"약속대로 논문 다섯 편을 다 채웠습니다."

내가 기대에 차서 말하자 그는 이렇게 말했다.

"그래, 축하하네."

하지만 그뿐이었다. 나는 마음이 조급해졌다.

"교수님, 저번에 논문 다섯 편을 발표하면 졸업시켜 주겠다고 하지 않으셨습니까?"

그러자 어바인 교수는 안경 너머로 나를 물끄러미 쳐다봤다. 별 희한한 놈 다 보겠다는 표정이었다. 나는 답답해서 재차 강조했다.

"교수님이 말씀하신 대로 국제저널에 논문 다섯 편을 모두 발표했습니다. 그러니 약속대로 졸업시켜 주십시오."

그러자 교수가 어이없다는 듯 말했다.

"이보게, 자네 혹시 알고 있나? 내 밑에서 공부한 사람 중에서 5년 안에 졸업한 사람이 없네. 그런데 자네는 지금 2년 반 만에 졸업시켜 달라고 조르고 있는 것일세. 이게 말이 된다고 생각하나?"

"무슨 말씀입니까? 교수님께서 분명히 저번에……."

내가 말을 마치기도 전에 그가 말을 가로챘다.

"내가? 나는 그런 말을 한 적이 없네."

나는 온몸에 힘이 쫙 빠져나가는 것 같았다. 그간 교수의 말만 믿고 하루도 쉬지 않고 실험실에 처박혀 실험을 하고 결과를 정리했다. 그런데 교수는 아예 그런 말을 한 적이 없단다. 너무 화가 나서 나는 연구실 문을 박차고 나와버렸다. 약속을 지키지 않는 교수와 더 이상 말하고 싶지 않았다. 연구실을 나와 한참을 캠퍼스를 거닐었다. 지도 교수의 말만 믿고 남들보다 열심히 달려온 2년 여의 시간이 억울하게 느껴졌다. 다시는 그를 만나고 싶지 않았다.

하지만 한 달이 지나고, 한 달 반이 지나도 어바인 교수는 나를 부르지 않았다. 이대로 가다간 조기 졸업은커녕 제때 졸업조차 못할 상황이었다. 기다리다 지친 나는 다시 교수 연구실을 찾아갔다. 한낱 유학생 신분으로 지도 교수와 싸워봤자 좋을 게 없었다.

"교수님, 저 왔습니다."

"그래. 자네 왔나."

교수는 나를 힐끗 쳐다보기만 할 뿐 앉으라는 말조차 하지 않았다. 아직도 언짢은 기분이 풀리지 않은 듯했다. 나는 교수와 담판을 지어야겠다고 생각했다.

"교수님이 원하시는 게 대체 뭡니까?"

그러자 그는 기다렸다는 듯이 파일 하나를 건넸다.

"그걸로 박사 논문을 쓰게. 그러면 졸업시켜 주지."

나는 그 자리에서 파일을 찬찬히 훑어봤다. 비행기 터빈 날개의 경계층에서 일어나는 열 변화를 측정하는 연구였다. 연구 주제로는 나쁘지 않았으나 내 박사 논문 주제로는 성에 차지 않았다. 나는 파일을 덮으며 말했다.

"교수님이 원하시는 대로 이 주제로 연구를 할 수는 있습니다. 다만⋯⋯."

"다만?"

"이 주제로 박사 논문을 쓰고 싶지는 않습니다."

"왜?"

"쓰고 싶은 주제가 따로 있습니다."

"뭘 쓰고 싶은데?"

"교수님이 제안하신 대로 터빈의 경계층에서 일어나는 온도 변화를 측정하는 것은 어렵지 않습니다. 저는 터빈을 통과하는 공기층에서 일어나는 난류 현상까지 함께 연구하고 싶습니다."

"뭐?"

교수는 한참 동안 나를 쳐다보기만 했다. 그러더니 이렇게 말했다.

"그건 좀 어렵겠는데."

"왜 안 됩니까?"

"난 경계층 전문가지 난류 전문가가 아닐세. 난류에 대해서는 전혀 모르네. 공부해본 적도 없고."

그건 사실이었다. 하지만 나도 더 이상 물러서고 싶지 않았다.

"왜 못합니까? 경계층의 온도 변화를 측정할 수 있다면 터빈 전체에서 일어나는 난류 현상도 측정할 수 있습니다."

"그래, 그럴 수야 있겠지. 하지만 내가 그쪽 전문가가 아니니 자네가 논문을 쓴다 해도 내가 지도해줄 수 없지 않겠나."

"상관없습니다. 제가 연구해서 교수님을 가르쳐 드리겠습니다."

"뭐라고?"

교수는 황당하다는 듯이 나를 쳐다봤다. 박사 논문을 교수의 지도를 받지 않고 스스로 쓰겠다고 말한 것도 모자라 심지어 지도 교수에게 가르쳐 준다고까지 했으니 그럴 만도 했다. 하지만 나도 지지 않고 교수를 마주 봤다. 내 의지를 보여주고 싶었다. 한참 동안 나를 노려보던 그는 그제야 진지한 눈빛으로 내게 물었다.

"이건 지금까지 아무도 풀지 못한 문제라네. 자네가 정말 할 수 있겠나?"

"네. 해보겠습니다."

어디서 용기가 났는지 나는 호언장담했다.

"허허. 졌네, 졌어. 자네 진짜 못 말리는 친구군. 아이디어도 좋지만 자네 같이 고집 센 친구는 내 평생 처음일세. 대신 실험에 실패하면 졸업이고 뭐고 국물도 없을 테니 그리 알게."

그렇게 나는 간신히 교수의 허락을 받아낼 수 있었다. 내가 정한 주제는 지도 교수가 제시한 주제보다 실험하기도 훨씬 까다롭고, 시간도 더 많이 걸리는 것이었다. 그 주제에 대해 연구한 사람이 없었기에 참고할 논문도 없었다. 그러니 논문을 쓰는 일이 몇 배로 힘들었다. 하지만 나는 박사 논문은 아무도 다루지 않은 주제를 가지고 써야 가치가 있다고 생각했다. 그래야 해당 분야에 적지 않은 영향력을 미칠 수 있고, 학문적으로도 가치를 인정받을 수 있을 것이었다. 만약 내가 단순히 박사 학위를 따기 위해 유학을 간 것이라면 지도 교수가 제시하는 논문 주제를 그대로 받아서 연구하는 것이 훨씬 편했을 것이다. 그랬다면 지도 교수의 친절한 지도를 받아가면서 수월하게 논문을 작성하고 바로 대학원을 졸업할 수 있었을 것이다. 하지만 나는 고생을 하더라도 남들이 하지 않는 분야를 연구해서 진정한 실력을 키우고 싶었다. 학계에서 인정받을 수 있는 가치 있는 논문을 써서 비행기 엔진에 대해서 만큼은 실력자라는 인정을 받고 싶었다. 그런 결과를 내기 위해서라면 어렵고 고생스러운 일도 충분히 감내할 자신이 있었다. 결과적으로 내가 쓴 논문은 해당 분야의 주제를 다룬 최초의 논문이 됐다. 그리고 남들이 하지 않은 주제를 다룬 덕분에 나는 대학원을 무사히 조기 졸업할 수 있었다.

지금 세대의 젊은이들 중에도 누가 시켜서 하는 일은 잘하지만 스스로 목표를 정해서 자발적으로 하는 일은 어려워하는 이들이 분명 있을 것이다. 요즘은 워낙 해야 할 일도 많고 주어진 일도 많아서 스스로 하고 싶은 것을 찾기도 전에 지치는 경우가 더러 있는 것 같다. 하지만 누가 시켜서 하는 일에는 한계가 있다. 그런 일은 어려운 상황이 닥치거나 위기가 찾아오면 금세 포기해버리게 된다. 우리 뇌는 누가 시켜서 하는 일에는 스트레스를 받지만 자발적으로 하는 일은 즐기면서 할 수 있다고 한다. 그것이 설령 어렵고 힘든 일이라고 하더라도 말이다.

실제로 몇날 며칠을 고민해서 스스로 정한 목표는 쉽게 포기할 수도 없고, 핑계를 댈 수도 없다. 어떻게든 스스로 이루려고 용을 쓰게 된다. 나도 마찬가지였다. 아무도 다루지 않은 주제로 박사 논문을 쓰는 일이 결코 쉬운 일은 아니었다. 하지만 누가 시켜서 한 일이 아니라 스스로 필요를 느껴서 한 일이었기에 끝까지 최선을 다할 수 있었다.

물론 내가 얼마나 노력했는지 잘 모르는 사람들은 내 스펙만 보고 나를 평가하곤 한다. 그들은 내가 좋은 환경과 재능을 타고났기에 성공할 수 있었다고 말한다. 하지만 그건 하나만 알고 둘은 모르는 소리이다. 시대적인 상황이나 개인적인 환경에서 내게 주어진 것은 그리 많지 않았다. 물질적으로 풍요로운 요즘 세대와 달리 우리 세대는 무엇 하나 풍족한 게 없었다. 거저 주어지는 것이 하나도 없었기에 열심히 노력해서 자기 것으로 만들어야 했다. 아이러니하게도 나는 그런 환경이 내가 성장하는 데 좋은 자양분이 됐다고 생각한다. 부족한 것을 당연하게 여기지 않고 채우려는 의지와 열정이 있었기에 끊임없이 도전할 수 있었다.

선택의 기로에 서다

뉴욕주립대학교를 졸업하고 나서 전공을 살려 비행기 엔진 연구를 계속하고 싶었다. 하지만 외국인 유학생 신분으로는 쉽지 않다는 사실을 곧 알게 됐다. 당시만 해도 비행기 엔진 관련 연구 비용은 모두 미 국방성에서 지급하고 있었기 때문이다. 그런 중요한 프로젝트를 한낱 외국인 유학생에게 맡길 리가 없었다. 나는 아쉽지만 자동차 엔진 쪽으로 진로 방향을 틀었다. 그러나 그 선택은 나에게는 최고의 선택이자 기회가 됐다.

1980년대는 미국에서 자동차산업이 한창 발전하던 시기였다. 미시간 주 디트로이트에는 세계적인 자동차회사들이 포진해 있었다. 나는 그중에서 GM(제너럴모터스)에 입사했다. GM은 나 같은 박사 연구원만 1200명이 넘는 세계에서 손꼽히는 자동차회사였다. 그러다보니 엔진 연구에 관한 것이라면 누구에게든 아낌없이 지원해줬다. 나는 회사에서 내준 개인 연구실에서 부족한 것 없이 최신 엔진에 대한 연구를 마음껏 할 수 있었다.

내가 GM에서 최신형 엔진 연구에 몰두하고 있을 때, 한국에서는 이제 막 현대가 자체 브랜드의 자동차를 만들어 해외에 수출하고 있었다. 현대자동차는 1976년부터 국내 최초로 자동차 고유 모델을 양산하기 시작했다. 그리고 이후 포니와 스텔라 등의 자동차를 출시해 국내 시장에서 자리잡기 시작했다. 현대자동차는 그 기세를 몰아 엑셀을 미국 시장에 수출할 계획을 세우고 있었다. 규제가 까다롭기로 유명한 미국 시장에 자동차를 수출한다는 것은 자부심을 가져도 좋을 만큼 대단한 일이었다.

하지만 엄밀히 말하면 포니와 엑셀은 현대의 기술력을 대변하지 못했다. 자동차의 핵심이라고 할 수 있는 엔진이나 변속기 같은 주요 부품의 도면을 외국에서 사와서 제작하고, 자동차 몸체만 자체적으로 설계해서 만들었기 때문이다. 현대자동차는 그렇게 만든 차를 1년에 10만 대 정도 생산하고 있었다. 현대자동차는 이에 만족하지 않고 국내 자동차산업을 더 키우려고 생각하고 있었다. 1978년부터는 연 30만 대를 생산할 수 있을 만큼 큰 규모의 공장을 건설할 계획도 갖고 있었다. 그런데 당시 국내 정치가 발목을 잡았다. 정치 상황이 급변하면서 경제 정책에도 변화가 생긴 것이다. 당시 정책을 만들던 정부 관계자들은 한국의 자동차산업 발전에 회의적이었다.

"우리 경제가 발전하려면 외국 제품과 비교했을 때 경쟁력이 뛰어나거나 유리한 분야를 발전시켜야 하지 않겠습니까? 그렇지 않은 분야는 아예 접는 게 낫습니다."

말하자면 당시 경쟁력 있던 섬유산업 같은 분야는 더 육성하고, 자동차산업같이 기술이 부족해 경쟁력이 약한 분야는 포기하는 게 낫다는 게 그들의 생각이었다. 이제 막 자동차산업을 크게 키우려던 현대자동차로서는 날벼락 같은 일이었다. 만약 정책대로 흘러간다면 지난 10년 동안 자동차산업에 기울였던 모든 노력이 수포로 돌아갈 판이었다.

현대자동차는 정부 관계자를 만나 자동차산업을 발전시키는 것이 왜 중요하고 가능성이 있는지 입이 마르도록 설명하고 이해시키려 노력했다. 하지만 역부족이었다. 오히려 정부는 당시 현대 그룹의 수장이었던 정주영 회장에게 중공업과 자동차산업 중에서 하나를 고르라는 압력을 넣었다. 정 회장은 고민 끝에 자동차산업을 선택했다. 중공업은 나중에라도 설비를 갖춰 다시 투자할 수 있지만, 자동차산업은 지금 개발하지 않으면 뒤쳐져서 나중에는 따라갈 수 없다는 것이 그 이유였다.

사정이 이렇게 흘러가다 보니 정 회장은 기업의 사활을 걸고 자동차산업을 발전시켜야겠다는 결단을 내렸다. 그렇다면 먼저 무엇부터 시작해야 할까. 골똘히 생각한 끝에 정 회장은 이렇게 말했다.

"우리 회사가 차를 만들어 온 지 벌써 10여 년이 다 돼 가는데, 우리 엔진이 없다는 건 있을 수 없는 일입니다. 이제부터 우리만의 독자 기술로 엔진을 만들겠습니다."

　자동차산업이 발전하려면 무엇보다 기술 독립이 우선해야 한다고 생각했던 것이다. 하지만 회사 내부에서는 반대의 목소리가 높았다. 엔진을 우리 힘으로 만드는 것은 무리라고 생각하는 사람들이 많았다. 엔지니어들도 난색을 표하기는 마찬가지였다.

　"현대가 자체적으로 엔진을 개발한다는 얘기가 미쓰비시에 들어간 다고 생각해 보십시오. 그들은 더 이상 우리에게 도움을 주지 않을 것 입니다. 엔진 기술도 전수해주지 않으려고 할 텐데, 그러면 당장 자동 차 생산에 차질이 생길 것입니다. 이 문제를 제대로 해결할 자신이 없 으면 엔진 개발은 아예 시작도 하지 말아야 합니다."

　당시 현대자동차는 일본 미쓰비시라는 회사에서 비싼 값을 치르고 엔진 기술을 들여오고 있었다. 그렇기 때문에 현대자동차가 독자 엔 진을 개발한다고 하면 가장 견제할 곳이 미쓰비시였다. 하지만 정 회 장의 의지는 확고했다.

　"명색이 자동차회사가 언제까지 남의 엔진만 들여와 쓸 겁니까? 엔 진은 자동차의 심장이나 마찬가지입니다. 더 이상 독자 엔진 개발을 미룰 수 없습니다."

　그렇게 해서 1983년 초에 엔진 개발을 위한 연구소 설립 계획이 확 정됐다. 1983년 9월에는 '신엔진 개발 계획'이 마련됐다. 이제 발을 담 근 이상 엔진 개발은 더 이상 미룰 수 없었다. 현대자동차의 임원진들 은 부랴부랴 엔진 개발에 참여할 수 있는 인재들을 찾아 나섰다.

못 할 것도 없지 않은가

독자 엔진을 개발하려면 무엇보다 엔진을 개발할 수 있는 우수 인력이 필요했다. 하지만 당시 우리나라에는 그런 기술을 가진 사람이 전무하다시피 했다. 그래서 현대자동차의 임원진은 일찌감치 해외에 나가 있는 인력을 눈여겨보고 있었다. 그들은 미국을 방문할 때마다 디트로이트를 방문해 그곳의 학교, 연구소, 자동차회사에서 일하고 있는 한국인들을 만났다. 그래서 나도 현대자동차에서 초대한 모임에 몇 번 참석한 적이 있었다.

그러던 중 1983년 여름, 한국에서 휴가를 보내고 있을 때였다. 현대자동차에서 갑자기 나를 만나고 싶다는 연락이 왔다. 당시 맏형 친구 중에서 미국 자동차회사인 포드에서 일하던 사람이 있었는데, 그 분이 현대자동차에서 '신엔진 개발 계획'을 맡고 있던 신현동 고문에게 나를 추천했던 모양이었다.

나는 그 길로 현대 본사를 찾아갔다. 그때 만난 현대자동차의 정세영 사장은 해마다 디트로이트 모터쇼가 열리면 미국을 방문해 나를 격려해주던 사람이라 이미 안면이 있었다.

그는 나를 보자마자 이렇게 말했다.

"이 박사, 이렇게 한국에서 다시 만나게 돼서 참으로 반갑소. 우리가 이번에 독자 엔진을 개발하려고 하는데, 이 박사 같은 훌륭한 인재가 많이 필요하오. 이번 기회에 우리와 함께 일해보는 게 어떻겠소?"

제안은 고마웠지만 당시에 나는 현대에서 일할 생각이 조금도 없었기에 정중하게 거절하고 미국으로 돌아왔다. 그런데 현대는 좀처럼 섭외를 포기하지 않았다. 정주영 회장과 정세영 사장의 비서실에서 매일 전화가 왔다. 한국 자동차산업의 발전을 위해서 같이 일해 보자며 나를 계속 설득했다.

제의가 거듭될수록 나는 고민하기 시작했다. GM에 있으면 하고 싶은 연구를 마음껏 할 수 있었다. 그런 좋은 환경을 떠나 자동차 불모지나 다름없는 현대자동차로 간다는 것은 나로서는 쉽게 결정할 수 있는 일이 아니었다.

당시 현대자동차는 이제 막 자동차를 수출하기 시작한 후발 주자였다. 선진국의 자동차회사보다 족히 백 년은 늦은 출발이었다. 그런 회사가 GM 같은 대형 자동차회사들과 경쟁해서 살아남을 수 있으리라고는 도저히 생각할 수 없었다. 하지만 그럼에도 설명할 수 없는 무언가가 나를 자꾸 머뭇거리게 했다.

가족들도 현대의 스카우트 제의를 은근히 반기는 분위기였다. 세 아들을 모두 유학 보낸 아버지는 이 기회에 둘째 아들인 나라도 한국에 들어왔으면 하는 눈치였다. 첫째를 낳고 삭막한 디트로이트 생활에 적응하느라 애쓰던 아내도 한국으로 돌아가기를 바라고 있었다. 하지만 정작 나는 쉽게 결정할 수가 없었다.

'세계적인 자동차회사에서 안정적으로 일할 것인가, 아니면 현대에 가서 새로운 도전을 할 것인가.'

고민은 날로 깊어졌다. 어떤 결정을 하든 그 결정은 내 인생의 터닝 포인트가 될 것이 분명했다. 나는 아마도 그때 내 인생을 가능한 한 멀리까지 내다보면서 내 꿈의 크기를 가늠해봤던 것 같다. 그렇게 6개월을 정말 원하는 것이 무엇인지 스스로에게 질문한 끝에, 마음이 한쪽으로 기우는 것을 느꼈다.

'그래, 한번 해보자. 현대에 가서 엔진을 개발하는 것은 분명 쉬운 일이 아닐 것이나. 하지만 아무도 해보지 않은 일이니 그 정도는 감수해야 하지 않을까. 무모한 도전이지만 못 할 것도 없지 않은가.'

무엇보다 나는 내 힘으로 독자 엔진을 개발해보고 싶었다. 비록 자동차산업 불모지에서 어렵게 시작하는 일이겠지만 성공한다면 무엇보다 큰 보람과 가치를 느낄 수 있을 것이다.

나는 그때 세계적인 자동차회사에서 한 사람의 연구원으로 일생을 마치는 것보다 이제 막 시작하는 우리나라 자동차산업에 작은 힘이나마 보태는 것이 더 가치 있는 일이라고 생각했다. 엔지니어로서 나의 능력을 마음껏 발휘해보고 싶다는 꿈이 한국 자동차산업이라는 시대적인 흐름과 톱니바퀴처럼 잘 맞물렸기에 더욱 크게 증폭될 수 있었다.

결정을 하고 나서부터는 두려울 게 별로 없었다. 나는 곧바로 GM에 퇴사하고 싶다고 말했다. 그러자 상사가 나를 만류했다.

"이보게, 이 박사. 한국은 자동차산업에서 한참 뒤떨어진 후진국인데, 거기 가서 자네 재능을 낭비하겠다는 건가. 그러지 말고 여기 머물러 있게. 자네가 여기 있겠다면 내가 최고의 대우를 받을 수 있도록 해주겠네."

GM은 당시 직원이 76만 명이나 되는 거대 기업이었기 때문에 직원의 복지나 대우가 안정돼 있었다. 상사의 제안이 아니라도 이미 충분히 풍요로운 삶을 누리고 있었다. 하지만 내 마음은 이미 한국으로 향하고 있었다.

"그래도 한번 해보고 싶습니다."

그러자 상사도 어쩔 수 없다는 듯 아쉬운 표정을 지었다.

"자네 뜻이 그렇다면 어쩔 수 없지. 하지만 쉽진 않을 거야. 자네가 지금은 젊어서 잘 모르겠지만 자동차산업이라는 게 현대 같은 후발 주자가 따라잡을 수 있는 만만한 것이 아니네."

상사는 진심으로 나를 걱정해주고 있었다.

"내 자네에게 제안을 하나 하지. 자네가 현대에 갔다가 아무래도 버티기 어렵겠다고 생각되면 언제든 다시 돌아오게. 자네 연구실은 그때까지 비워두겠네."

나는 상사의 호의에 감사의 뜻을 전하고 GM을 나섰다. 그리고 곧바로 짐을 꾸려 한국행 비행기에 몸을 실었다. 현대에서 어떤 조건으로 일하게 될지, 얼마나 좋은 대우를 받을 수 있을지 결정된 것은 아무것도 없었다. 하지만 더 이상 망설이지 않기로 했다. 내 인생 최고의 도전은 이미 시작되고 있었다.

저 놈은 사기꾼입니다

1984년 4월, 봄꽃들이 거리를 가득 채울 즈음 김포공항에 도착했다. 나는 첫 출근을 하자마자 정주영 회장을 만났다.

"이 박사, 이렇게 와줘서 고맙네. 앞으로 우리 현대를 위해서 힘 좀 써주게. 이 박사가 원하는 것이라면 무엇이든 아낌없이 지원해 주겠네."

하지만 현대에 입사해보니 말 그대로 '아무것도' 없었다. 2만 5000명이나 되는 연구 인력이 포진해 있던 GM과 달리 연구원들도, 연구소도, 심지어 연구소를 지을 부지조차 마련되지 않은 상태였다. 단지 정 회장은 내게 부하 직원 다섯 명을 소개해줬을 뿐이었다.

"이 사람들을 데리고 어서 엔진 개발을 시작하게."

"네? 고작 이 다섯 명을 데리고 말입니까?"

"하하하. 대신 필요한 것은 뭐든 지원할 테니, 언제든 얘기하게."

정 회장은 내 마음을 아는지 모르는지 호탕하게 웃으며 말했다.

면담을 마친 나는 어안이 벙벙한 표정으로 회장실을 나왔다. 나는 사무실로 와서 이것저것 물건을 정리하며 앞으로 해야 할 일들을 골똘히 생각했다. 그때 한 남자가 불쑥 내 사무실로 들어섰다.

"자네가 이현순인가?"

"네, 그렇습니다만……."

"나, 자네 상관이야."

"그러십니까? 인사가 늦었습니다. 저는 이현순이라고 합니다."

내가 인사를 건네자 그는 인사를 받을 생각도 없다는 듯 불편한 심기를 드러냈다.

"자네, 아무래도 잘못 온 것 같아."

"잘못 오다니, 무슨 말씀입니까?"

"자네가 개발한다는 그 엔진 말이야, 그기 아무리 봐도 될 일이 아니야. 자네, 대체 무슨 꿍꿍이가 있어서 온 건가?"

그의 눈에는 의혹과 불신이 가득했다.

"꿍꿍이라니요?"

첫 대면에서부터 몰아세우는 상관의 태도에 나도 반감이 생겼다.

"그러니까 내 말은 여기 사기 치려고 온 거 아니냐 이 말이야. 무슨 감언이설로 회장님을 홀렸는지 모르겠지만, 내 눈은 못 속여."

그쯤 되자 나도 더 이상 참을 도리가 없었다.

"대체 뭘 보고 사기꾼이라고 단정하시는 겁니까?"

"그걸 꼭 내 입으로 말해야 아나? 나이도 어리고 경력도 많지 않은 사람이 무슨 재주로 엔진을 개발하겠다는 건가? 엔진 개발이 애들 장난인 줄 아나? 사기를 쳐도 정도껏 쳐야지. 쯧쯧."

"말씀이 지나치십니다. 엔진 개발은 아직 시작조차 하지 않았습니다. 나중에 실패하면 그때 가서 얘기하십시오."

나도 지지 않고 받아쳤다. 그와 나의 시선이 허공에서 부딪쳤다. 팽팽한 긴장감이 감돌았다. 그러자 상관은 못 마땅한 듯 눈길을 거두면서 말했다.

"이 친구, 말귀를 못 알아먹는구먼."

그는 뒤도 돌아보지 않고 나가버렸다. 사무실에 혼자 남겨진 나는 애써 분을 삭여야만 했다. 열렬한 환호를 기대한 것은 아니었다. 현대에서의 생활이 쉬울 거라고 생각한 적도 없었다. 하지만 이렇게 문전박대를 당하리라곤 상상조차 하지 못했다. 그때부터 상관과 나의 전쟁이 시작됐다. 상관은 틈만 나면 나를 모함하고 다녔다.

"저 놈이 지금 사기 치고 있는 겁니다. 거기 넘어가시면 안 됩니다."

그리고 그것을 증명이라도 하듯 내가 하는 일을 사사건건 방해하고 나섰다. 결재를 받으러 가면 무조건 결재판부터 집어던지기 일쑤였다. 선 자리에서 몇 시간씩 험담을 퍼부을 때도 있었다. 내가 출장으로 자리를 비우면 내 부하 직원들까지 못살게 굴었다.

한번은 정세영 사장과 중역 회의를 하고 있을 때였다. 회의 중에 엔진 얘기가 나왔는데 갑자기 상관이 이렇게 말하는 것이었다.

"말이 좋아 신기술, 신엔진이지 우리는 그거 못 합니다. 미쓰비시도 어렵다는 엔진을 우리가 무슨 수로 만듭니까? 우리는 죽으나 사나 미쓰비시 기술을 가져다 써야 합니다."

명색이 현대자동차 연구개발 본부장이라는 사람이 기술 자립은 절대 안 된다고, 우리는 미쓰비시 기술을 가져다 써야 한다고 주장하고 있었다. 가만히 듣고 있던 나는 하도 답답해서 그에게 물었다.

"본부장님, 그럼 본부장님 생각에는 우리가 언제쯤이면 기술 자립을 할 수 있을 것 같습니까?"

그러자 그가 바로 맞받아쳤다.

"그래, 너 말 잘했다! 사장님, 제가 기술 자립을 안 하겠다는 게 아닙니다. 우리도 기술 자립 해야죠. 하지만 그게 어디 말처럼 쉽습니까? 제 생각은 이렇습니다. 우리 수준에 엔진 기술을 당장 독립하는 것은 무리입니다. 우선 2000년까지 차체를 받치고 있는 새시 기술을 자립하고, 그 다음에 독자 엔진을 개발하자는 것입니다."

나는 재차 물었다.

"그럼 독자 엔진은 언제부터 개발하자는 겁니까?"

"내 생각에는 2010년쯤이나 돼야 할 것 같습니다."

"2010년이오? 2010년이면 26년 후가 아닙니까? 그때쯤이면 본부장님도 안 계시고 저도 없을 텐데, 그때 가서 무슨 수로 엔진을 개발하겠다는 겁니까?"

본부장의 말은 우리 힘으로는 절대 엔진을 개발할 수 없다고 자인

하는 것과 같았다. 내가 재차 다그치자 그는 단단히 화가 난 듯했다.

"이 박사, 난 현실적인 얘기를 하고 있는 거야, 자네처럼 되지도 않는 신엔진을 개발하겠다고 막대한 자금을 쏟아붓는 게 아니고. 사장님, 이 박사가 설계한 엔진이 성공하면요, 제 손에 장을 지지겠습니다."

나도 물러서지 않았다.

"아마 곧 그렇게 되실 겁니다."

우리 둘의 팽팽한 신경전이 계속되자 보다 못한 정세영 사장이 중재에 나섰다.

"허허, 참, 당신네 둘은 어떻게 만나기만 하면 그렇게 싸워? 엔진 개발이라는 게 둘이 힘을 합쳐도 될까 말까 한 일인데, 답답하네, 답답해."

하지만 우리 두 사람은 한 치도 물러서지 않았다.

지금 돌아보면 상사와 나의 싸움은 단순히 두 사람만의 기싸움이 아니었다. 그것은 우리의 기술 수준의 현주소를 오롯이 대변하는 벽과 같았다. 당시 현대에서는 우리 힘으로 독자 엔진을 만들 수 있다고 믿는 사람이 거의 없었다. 그래서 중역들은 우리가 독자 엔진을 만든다는 사실이 미쓰비시의 심기를 거스를까 봐 노심초사하고 있었다. 괜히 기술 자립이라는 욕심을 부렸다가 지금까지 잘 유지해오던 미쓰비시와 관계가 틀어지는 게 두려웠던 것이다.

하지만 내 머릿속은 오직 하나의 목표로 가득 차 있었다. 우리 힘으로 독자 엔진을 개발해보겠다는 엔지니어로서의 야망이었다. 미쓰비시를 추종하는 세력에게 밀린다면 엔진 개발은 시작도 하기 전에 접어야 할 판이었다.

"저들에게 밀리면 아무것도 못하겠구나. 여기서 살아남으려면 더 독해져야겠다."

나는 어느 때보다 마음을 굳게 먹었다.

아직 갈 길이 멀었다.

이 박사, 여긴 뭐하러 오셨습니까?

현대자동차에 입사해서 내가 처음 한 일은 연구소 부지를 알아보러 다닌 것이었다. 하나부터 열까지 처음부터 새로 시작하는 일이었다. 당시 연구소를 짓기에 적당한 지역으로 여러 곳이 물망에 올랐지만 대부분 건축 허가를 받지 못해 어려움을 겪고 있었다. 여러 곳을 돌아다닌 끝에 부천 소사 지역에 2만 평의 땅이 있다는 것을 정주영 회장에게 보고했다.

그는 이렇게 말했다.

"연구소를 짓는 데 2만 평은 좀 좁지 않을까? 마북리에 우리 땅이 있으니 거기에 짓도록 하지."

경기도 용인군에 있던 마북리 땅은 정 회장이 경부고속도로를 건설할 때 사둔 것이었다. 현대가 한창 확장되고 있을 때도 10여 년 동안 사용하지 않고 있던 땅을 연구소를 짓기 위해 선뜻 내준 것이다. 정 회장이 독자 엔진 개발에 얼마나 애정을 갖고 있었는지 짐작할 수 있는 대목이다.

부지가 마련되고 연구소를 짓기 시작하자 나는 하루가 멀다 하고 현장에 나갔다. 정 회장도 마찬가지였다. 주말마다 운동화를 신고 건설 현장에 내려와 현장을 진두지휘했다. 하루는 건물이 올라가는 모습을 물끄러미 바라보고 있다가 정 회장이 말했다.

"이 박사, 연구소를 5층 건물로 짓고, 지하 공간과 엘리베이터도 새로 추가하게."

연구소는 3층 건물로 지어질 예정이었다.

"회장님, 그러면 인원 대비 건물 규모가 너무 크지 않겠습니까?"

내가 말렸지만 정 회장은 아랑곳하지 않았다.

"비워 두는 한이 있더라도 일단은 그렇게 진행하게."

그렇게 해서 연구소는 5층 건물로 섰다. 현대그룹 전체가 힘을 합쳐 공사를 진행한 덕분에 연구소는 빠르게 완공됐다. 완공 초기에는 건물이 너무 커서 현대정공(지금의 현대모비스)에 4, 5층을 빌려주기도 했다. 하지만 차츰 연구소 인원이 늘고 시설도 확장되면서 나중에는 건물을 두 배 이상 증축해야 했다.

연구소 건물을 한창 짓고 있을 즈음, 한편으로 나는 연구 인력을 뽑느라 동분서주하고 있었다. 처음 입사할 당시 고작 연구원 다섯 명으로 시작한 연구소가 반년 후에는 신입사원 98명이 충원되면서 어엿한 연구소의 기틀을 다질 수 있었다.

연구 인력을 채용할 때는 일부러 경력보다는 신입사원 위주로 뽑았다. 당시 한국에 엔진을 개발해 본 사람이 없기도 했거니와, 우리가 개발하려고 하는 엔진이 기존의 엔진과 많이 달랐기 때문이었다. 어설프게 아는 경력자들보다는 아예 처음부터 새로 배우면서 연구할 수 있는 신입사원이 더 낫다고 판단했다. 그러다보니 한때 연구소의 평균 연령이 서른한 살일 정도로 젊었다. 이렇게 젊고 패기 있는 인재들이 모이다보니 엔진 개발도 자유롭고 창의적인 분위기 속에서 진행될 수 있었다.

연구소가 차츰 활기를 띨 즈음, 기획실에서 연락이 왔다. 엔진 개발을 시작했으니 상공부(지금의 산업통상자원부)에 인사를 드리러 가자는 것이었다.

나는 기획실 직원들과 함께 상공부 기계공업국장을 만났다. 상공부 국장은 내 이력과 경력을 전해 듣더니 대뜸 이렇게 말했다.

"이 박사, 뭔가 잘못 생각하고 있는 것 아닙니까?"

"뭘 잘못 생각하고 있다는 말입니까?"

"자동차회사에서 박사가 할 일이 없을 텐데? 박사님이면 대학에 가서 교수를 하셔야지, 여기 뭐하러 오셨습니까?"

나는 황당해서 말이 나오지 않았다.

"GM에는 박사가 1200명이나 있는데요?"

"그건 GM이니까 그렇죠. 우리는 기술 도면을 사와서 보고 제조만 하면 되는데, GM처럼 이 박사가 할 일이 있겠습니까?"

나는 더 이상 할 말이 없었다. 한 나라의 고위 공무원이라는 사람이 자동차산업에 갖고 있는 인식이 그 정도밖에 안 되던 시기였다. 물론 당시 한국 자동차 업계에서 박사 학위를 가지고 있는 사람이 없다보니 사람들 대부분이 비슷한 생각이었을 것이다. 그런 사회 분위기 속에서 현대자동차는 독자 엔진 개발이라는 과제를 홀로 밀고 나갈 수밖에 없었다.

3

기술 불모지에서
도전을
시작하다

목표가 분명한 사람은

쉽게 포기하지 않는다.

상황이 바뀔 때까시

묵묵히 견디는 수밖에 없다.

그렇다고 무턱대고 두 손 놓고

기다리라는 말은 아니다.

돌파구를 찾을 때까지

끊임없이 노력해야 한다.

최고는 미래를 읽는 눈에서 시작된다

    우여곡절 속에서도 현대자동차의 '신엔진 개발 계획'은 차근차근 궤도에 오르고 있었다. 1984년 11월 15일 드디어 경기도 용인군 구성면 마북리에 '마북리 연구소'가 모습을 드러냈다. 토목공사를 착수한 지 겨우 6개월 만의 일이었다.

    연구원들이 차례로 입주하자 이때부터 마북리 연구소는 밤낮을 구분할 수 없을 정도로 바쁘게 돌아갔다. 엔진 개발에 필요한 각종 실험 장비를 설치하고, 신입사원을 교육시키는 동시에 엔진 개발 프로젝트가 진행됐다. 그제야 나도 본격적으로 연구에 전념할 수 있었다.

    연구소가 어느 정도 꼴을 갖추고 나서 가장 먼저 한 일은 어떤 엔진을 개발할지 결정하는 일이었다. 처음에는 모든 것이 막막하기만 했다. 어떤 사양의 엔진을 개발할지, 새로 개발한 엔진을 어떤 차에 탑재할지 정해진 것은 아무것도 없었다. 가닥을 잡는 것 또한 모두 내

몫이었다. 나는 고민 끝에 기존에 추진하던 계획을 전면 수정해 최신 사양의 엔진을 개발하겠다고 발표했다. 그리고 개발할 엔진의 이름을 '알파엔진'이라고 지었다. 이른바 '알파엔진 프로젝트'는 이렇게 시작됐다. 하지만 여기저기서 반대의 목소리가 터져나왔다.

"최신형 엔진을 개발하겠다고? 미쓰비시도 아직 만들지 못한 엔진을? 제정신이야?"

회사 내부에서는 하나같이 믿을 수 없다는 반응이었다. 특히 울산 연구소의 반대가 심했다. 당시 울산에는 미쓰비시의 기술을 수입해서 엔진을 생산하는 팀이 있었다. 그들은 기존의 엔진 제작 방식을 버리고 우리의 독자 엔진을 만든다는 것 자체가 무모한 일이라고 비판했다. 설사 독자 엔진을 만들더라도 실패 확률이 높은 신형 엔진보다는 성공 가능성이 높은 구형 엔진을 개발해야 한다고 강조했다.

현대의 엔지니어들이 이렇게 적극적으로 반대하고 나선 데는 사실 그만한 이유가 있었다. 그들은 이전에 자체적으로 엔진을 개발했다가 실패한 적이 있었다. 1980년에 포니 자동차의 가솔린 엔진을 디젤 엔진으로 개조하는 프로젝트였다. 당시 엔진 개발팀은 독일 용역 회사의 도움을 받아 시험용 엔진을 만들어 아우토반에 나가 시험까지 마쳤다. 하지만 개발을 진행할수록 벽에 부딪쳤고, 여러 가지 이유로 계획이 취소되고 말았다. 결국 디젤 엔진 프로젝트는 현대의 엔지니어들에게 실패 경험으로 남았다.

그런 상황에서 젊은 연구원 하나가 뜬금없이 듣도 보도 못한 최신형 전자 분사식 멀티 밸브 엔진을 만들겠다고 했으니 쉽게 믿을 수가 없었던 것이다. 그들은 내게 엔진 개발은 어설픈 계획과 의욕만 가지고 되는 일이 아니라고 말했다. 하지만 나는 그들과 생각이 달랐다. 우리 힘으로 엔진을 만드는 것이 불가능하다고 생각하지 않았고, 구형 엔진을 만드는 건 시장 상황에 맞지 않을 뿐더러 엔지니어로서도 의미가 없다고 생각했다.

"언제까지 현실에 안주할 수는 없습니다. 독자 엔진을 개발하는 데 시간이 얼마나 걸릴지 모르는데, 경쟁력 없는 구형 엔진을 만든다면 선진 업체와 기술 격차가 더 벌어지기만 할 뿐입니다. 그게 무슨 의미가 있습니까? 저는 개발이 끝났을 때 시장에서 경쟁력이 있는 엔진을 만들고 싶습니다."

물론 나의 목표는 다소 무모한 것이었다. 당시 우리가 추구하던 엔진 사양은 국내에서 찾아보기 힘든 것이었다. 외국에서도 아직 실용화되지 않은 기술이었다. 이제 막 자기 힘으로 엔진을 만들려는 회사가 중간 단계를 훌쩍 뛰어넘어 곧바로 세계 최고 수준의 엔진을 만들겠다고 나선 것이니 당연히 납득하기가 어려웠을 것이다.

하지만 나는 우리 힘으로 최신형 엔진을 만드는 것이 불가능하다고 생각하지 않았다. 내가 일하는 스타일이, 무모하고 저돌적이어서 이런 생각을 한 것은 아니었다. 그저 나는 내가 만들려고 하는 엔진이 충분히 실현 가능성이 있다는 사실만 알고 있었을 뿐이다.

사실 알파엔진은 성능이 아주 탁월했다. 당시 GM은 이미 비슷한 사양의 엔진을 개발하고 있었다. 그렇기 때문에 현대가 최신 사양의 엔진을 개발할 수만 있다면 충분히 외국 회사들과 실력을 겨뤄볼 수 있었다. 그걸 알고 있기에 나는 더더욱 포기할 수 없었다. 결국 남은 것은 흔들림없이 내 생각을 밀고 나가는 것뿐이었다.

"출발이 늦었다고 해서 이미 다른 회사가 개발한 모델을 목표로 삼으면 우리는 영원히 선두 그룹을 따라잡을 수 없습니다. 초반에 조금 어렵더라도 최신형 모델을 목표로 삼아야 단기간에 최고 수준의 기술에 도달해 경쟁력이 있지 않겠습니까?"

나는 이렇게 연구소 엔지니어들을 독려했다. 물론 현대의 구성원 모두가 내 말에 동의한 것은 아니었지만 적어도 마북리 연구소의 엔지니어들만큼은 나를 믿고 따라와줬다. 지금 생각하면 참 고마운 일이다.

적군인가요, 아군인가요?

대부분의 사람들은 새로운 시도를 달가워하지 않는다. 그것이 좋은 변화라고 해도 마찬가지다. 그래서 새로운 시도를 하는 사람은 늘 기존 방식을 고수하는 사람의 반대에 부딪칠 수밖에 없다.

내가 입사할 때만 해도 현대자동차는 자동차도면을 설계할 때 제도판에 수작업으로 제도를 하고 있었다. 세계 수준의 기술력으로 끌어올리기 위해서는 하루 빨리 새로운 방식을 도입할 필요가 있었다. 나는 제도사들에게 기존 방식을 버리고 이제부터는 컴퓨터로 작업하라고 지시했다. 그러자 제도사들이 격렬하게 반대하고 나섰다.

그들의 태도를 이해할 수 없는 것은 아니었다. 그간 익숙하게 해오던 작업을 하루아침에 바꾸기가 어려웠을 것이고, 자칫 잘못하면 직장을 잃을 수도 있다는 두려움도 있었을 것이다. 하지만 선진 기술을 따라잡으려면 시스템의 변화는 불가피했다. 그래서 나는 그들을 설득하기 시작했다.

"기술 수준을 높이기 위해서는 선진 시스템을 도입할 수밖에 없습니다. 나는 여러분을 해고하려는 것이 아닙니다. 회사 차원에서 전부 재교육시킬 테니 걱정하지 말고 나를 따라와주십시오."

나는 그들에게 변화에 대한 두려움을 없애주는 것은 물론 제도적으로도 충분히 지원해주겠다는 약속도 잊지 않았다. 그제야 제도사들은 나를 믿고 따라와줬다.

하지만 기술에 대한 이해가 부족한 일부 임원진들의 견제와 압박은 날이 갈수록 심해졌다. 그들은 내 목표가 성공하지 못할 거라고 공공연히 떠들고 다녔다. 심지어 나를 사기꾼으로 모는 이들도 있었다. 연구만 하기에도 바빴던 나였지만 그런 비난 때문에 마음이 편치 않았다. 그렇다고 그들을 일일이 찾아다니며 설득할 수도 없는 노릇이었다. 그저 묵묵히 내 일에 집중할 수 밖에 없었다.

그러던 어느 날 실험실에서 한창 연구를 하고 있을 때였다. 정주영 회장이 급하게 나를 찾는다는 연락이 왔다. 나는 실험을 하다 말고 부랴부랴 용인 마북리 연구소에서 현대그룹 본사가 있는 서울 계동까지 달려갔다. 회장실에 들어서자 정주영 회장이 굳은 얼굴로 나를 맞았다.

"이 박사, 자네가 하고 있는 프로젝트, 정말 가능성이 있긴 한 건가?"

나는 영문도 모른 채 솔직하게 대답했다.

"네, 회장님. 가능하니까 하고 있는 것 아니겠습니까?"

그러자 정 회장이 노기 띤 얼굴로 나를 바라봤다.

"내 앞에서 거짓 보고를 할 생각은 하지도 말게. 다시 한 번 묻겠네. 정말 가능한가?"

그는 내 눈을 뚫어져라 쳐다봤다. 거짓말은 절대 용납하지 않겠다는 의지가 느껴졌다. 나는 무슨 영문인지 몰라 가만히 서 있었다. 한 두 마디 말로 엔진 개발의 가능성에 대해 설명할 수는 없었다. 그러자 정 회장이 내 앞에 서류 하나를 내려놓았다. 거기에는 이렇게 적혀 있었다.

'귀사에서 문의한 신형 전자 분사식 엔진 기술은 기술의 난이도가 높아 대량생산이 어렵고, 사업성이 전혀 없는 기술입니다. 학교 연구실이나 실험실에서나 테스트하는 미래 기술로, 자동차회사에서 연구할 만한 것이 아닙니다. 따라서 우리는 상용화할 계획이 전혀 없습니다.'

나는 서류를 탁 덮었다.

"이게 뭡니까?"

"보면 모르나? 미쓰비시에서 온 답변이네."

정 회장의 말대로 그것은 우리가 개발하려는 엔진이 정말 개발이 가능한지, 가능하다면 미쓰비시에서도 개발할 계획이 있는지 자문한 것에 대한 답변서였다. 알파엔진 프로젝트를 미심쩍어 하던 울산연구소 책임자가 미쓰비시에 의견을 물은 모양이었다. 정 회장은 그 답변서를 읽고 내가 실현 가능성도 없는 엔진을 개발하고 있다고 오해한 것이다.

"회사 내에서 알파엔진이 안 된다는 얘기가 자꾸 흘러나오는데, 어디 해명 좀 해보게."

정 회장은 이제 나를 다그치고 있었다. 나는 답답한 마음에 한숨이 절로 나왔다. 미쓰비시가 우리와 우호적인 관계를 유지할 수 있는 것은 그들이 우리에게 기술을 전수해주고 로열티를 챙겨가기 때문이었다. 그들은 우리가 계속 그들의 낡은 기술을 수입해서 쓰기를 바랐다. 당연히 우리의 독자 엔진 개발을 달가워할 리가 없었다.

"회장님, 한 가지만 묻겠습니다. 미쓰비시가 우리 아군입니까, 적군입니까?"

그러자 정 회장이 당연하다는 듯 말했다.

"그야, 적군이지."

"그런데 왜 적군의 말을 믿으십니까?"

그러자 정 회장은 아무 말도 하지 못한 채 물끄러미 나를 쳐다보기만 했다. 나도 더 이상 할 말이 없었다.

후에 밝혀진 사실이지만 미쓰비시는 누구보다 알파엔진의 우수성을 잘 알고 있었다. 그래서 답변서를 보낸 그 시점에도 이미 알파엔진과 비슷한 사양의 엔진을 개발하고 있었다. 그러면서도 우리를 견제하기 위해 그런 터무니없는 답변서를 보내온 것이었다. 하지만 당시에는 엔진 전문가도 아닌 정 회장에게 알파엔진의 실현 가능성에 대해 구구절절 설명할 수가 없었다. 결국 나는 이렇게만 말하고는 회장실을 빠져나왔다.

"더 하실 말씀 없으시면 저는 이만 일어나겠습니다. 실험을 하다가 급히 나와서 하던 실험을 마저 해야겠습니다."

그러자 등 뒤에서 정 회장의 목소리가 나를 따라왔다.

"이 박사, 얼른 가서 실험하시오. 꼭 성공시켜야 하오."

이대로 포기할까?

당시 현대자동차는 엔진이나 변속기 등 자동차에 쓰이는 핵심 기술을 모두 미쓰비시에서 수입해서 쓰고 있었다. 만약 미쓰비시가 엔진이나 변속기를 만드는 기술을 팔지 않겠다고 하면 현대는 꼼짝없이 자동차를 생산하지 못하게 된다. 그래서 현대자동차 임원진 중에는 미쓰비시가 죽으라면 죽는 시늉까지 하는 사람들도 있었다.

정주영 회장은 이 점을 일찌감치 간파하고 있었다. 그는 핵심 기술을 우리가 갖고 있는 것이 무엇보다 중요하다는 사실을 알고 있었다. 그래서 독자 엔진 개발에 누구보다 깊은 애정을 가지고 있었다. 만약 독자 엔진 개발이 실패한다면 우리는 미쓰비시같이 원천기술을 보유하고 있는 다른 회사에 의존할 수밖에 없었다. 그래서 독자 엔진 개발은 현대자동차의 사활이 걸린 프로젝트였다. 나는 어떻게 해서든 그 프로젝트를 성공으로 이끌어야 했다.

그러던 어느 날 필요한 부품을 구매하기 위해 독일 출장을 갔다 왔는데, 내 사무실이 텅 비어 있었다. 비서도 없고 책상도 온 데 간 데 없었다. 너무 황당해서 행정실장에게 물었다.

"어떻게 된 일입니까?"

"모르셨어요? 보직 해임되셨습니다."

그는 담담하게 말했다. 보직 해임은 회사를 다닐 수는 있지만 지금까지 맡았던 자리에서 완전히 물러나는 것을 의미했다. 그 말은 이제 막 시작한 알파엔진 프로젝트에서 내가 할 수 있는 일이 아무것도 없다는 뜻이었다. 나는 하루아침에 신엔진개발실장에서 아무런 권한도 없는 기술자문으로 밀려나고 말았다.

내 책상은 비상구 옆 복도에 덩그러니 놓여졌다. 개인 사무실도 없이 남들이 지나다니는 옆 복도에 철제 책상만 하나 놓고 지내는 신세로 전락한 것이다.

정주영 회장은 현내선자 설립 문제로 눈코 뜰 새 없이 바빴다. 그래서 내가 보직 해임당했다는 사실을 전혀 모르고 있었다. 그렇다고 내가 정 회장을 직접 찾아가 하소연할 수도 없었다. 나는 어쩔 수 없이 복도에 앉아 시간을 보내야 했다. 생각할수록 기가 막혔지만 다른 방법이 없었다.

내가 보직 해임당한 데는 미쓰비시의 압력이 있었다. 당시 현대자동차에는 미쓰비시와 아주 가까운 임원진들이 여럿 있었다. 미쓰비시 또한 현대자동차의 대주주로 막강한 영향력을 행사하고 있었다. 미쓰비시가 현대의 독자 엔진 개발을 막을 요량으로 친분 있는 임원진들에게 압력을 넣어 나를 보직 해임시킨 것이었다.

나를 못 미더워하던 상사는 기다렸다는 듯이 내가 진행하던 프로젝트를 모두 중단시켜버렸다. 그리고 알파엔진을 개발하고 있던 내 부하 직원들을 모두 미쓰비시의 오리온엔진을 개조하는 데 투입했다. 오리온엔진은 미쓰비시와 현대가 공동 개발한 다음 나눠 쓰기로 이미 얘기가 돼 있었다. 알파엔진 프로젝트가 공중 분해될 위기에 처한 것이다. 엔진 개발이 한시가 급했던 나는 속상하고 답답하기만 했다. 권한도 직책도 없이 복도 구석에 밀려나 있는 나 자신이 한없이 처량하게 느껴졌다.

'이대로 포기할까?'

복도 구석에 앉아 있다 보면 그런 생각이 드는 날도 있었다. 억울하고 분해서 당장이라도 그만두고 싶었다. 그때까지도 GM에서는 내가 일하던 연구실을 비워둔 채 나를 기다리고 있었다. 생각 같아서는 당장 그만두고 미국으로 돌아가고 싶었다. 하지만 그럴 때마다 나는 마음을 다잡았다.

'내가 여기서 포기하고 미국으로 돌아가면 가장 좋아할 사람들이 누구인가. 나를 사기꾼으로 몰았던 미쓰비시와 그 추종 세력들 아닌가. 그들이 원하는 대로 물러나는 것은 내 자존심이 허락하지 않는다. 평생 사기꾼으로 낙인찍힌 채 살아가고 싶지는 않다. 어떻게든 여기서 버텨야겠다.'

나는 이를 악물고 버티기로 결심했다. 서럽고 억울했지만 한편으로는 이대로 물러서지 않겠다는 오기가 생겼다.

꿈을 향해 나아가다 보면 앞뒤가 꽉 막힌 터널 속에 갇힌 것 같은 시련이 찾아올 때가 있다. 언제까지 이 상황이 계속될 것 같고, 스스로의 힘으로는 도저히 그 상황을 변화시킬 수 없다고 느껴질 때는 좌절감이 더 깊어진다. 어쩌면 그 상황을 회피해버리거나 포기하는 게 그나마 나은 해결책인 것처럼 보이기도 한다.

하지만 목표가 분명한 사람은 쉽게 포기할 수가 없다. 그 과정을 거치지 않고서는 다음 단계로 나아갈 수 없기 때문이다. 그럴 때는 상황이 바뀔 때까지 묵묵히 견디는 수밖에 없다. 그렇다고 무턱대고 두 손 놓고 기다리라는 말이 아니다. 돌파구를 찾을 때까지 끊임없이 노력해야 한다.

나 또한 가만히 앉아 있을 수는 없었다. 하루아침에 모든 권한을 빼앗긴 터라 막상 출근해도 할 일이 없었다. 나는 언젠가 다시 엔진 개발을 할 수 있게 되면 바로 일을 시작할 있도록 준비하기로 했다. 해외에서 발표된 논문을 구해 읽고 경쟁 회사들의 자료도 면밀히 분석했다. 다른 직원들이 지나갈 때마다 뒤통수가 따가웠지만 신경 쓰지 않으려고 했다. 내가 믿을 수 있는 것은 실력밖에 없었다.

그렇게 하루가 지나고 이틀이 지났다. 나는 점점 연구소에서 투명인간이 돼갔다. 하루 종일 혼자 논문을 보는 것은 그나마 견딜 수 있었다. 하지만 점심시간은 그야말로 고역이었다. 사내 식당에 가면 자리가 없어 줄을 서면서도 내 옆에는 아무도 앉지 않았다. 나와 친하게 지내다가 불이익을 당하고 싶지 않았던 것이다. 나는 서럽기도 하고 분하기도 했다. 그럴 때마다 혼자 분을 삼키며 다짐했다.

'현대의 기술 독립을 막으려는 미쓰비시 놈들에게 반드시 앙갚음하고야 말겠다.'

어느덧 6개월이 흘렀다. 그동안 읽은 논문 수가 자그마치 1000편이 넘어가고 있었다. 그러다가 거짓말처럼 상황이 바뀌었다. 엔진개발실장으로 복귀하라는 명령이 떨어진 것이다. 현대전자 설립을 마무리 지은 정주영 회장이 내 얘기를 듣고 바로 조치를 취한 것이었다.

복직 명령은 생각지도 못한 순간에 아무 예고도 없이 떨어졌다. 마치 먹구름이 가득한 하늘을 계속 오르다보니 어느 순간 태양을 맞닥뜨린 것처럼 말이다. 나는 복귀하자마자 바로 엔진 개발에 뛰어들었다. 프로젝트에서 멀어져 있는 동안에도 끊임없이 논문을 읽으며 준비를 계속해왔기 때문에 이미 준비는 돼 있었다. 이젠 한시도 지체할 수 없었다.

로열티의 반을 깎아준다고?

미쓰비시는 현대자동차의 독자 엔진 개발을 막기 위해 무던히도 애를 썼다. 미쓰비시는 기회가 있을 때마다 공공연히 이렇게 말하고 다녔다.

"현대가 독자 엔진을 개발한다고 하는데, 그래봤자 미쓰비시기 30년 전에나 만들던 엔진을 설계할 겁니다. 개발비는 개발비대로 들고 성과는 보잘것없을 텐데 그런 일을 왜 하는지 모르겠습니다. 그런 건 아예 시작을 안 하는 게 낫지요."

그런 이야기가 들려와도 나는 그저 묵묵히 내 할 일만 할 뿐이었다.

그러던 어느 날, 한창 엔진을 시험하고 있는데 정주영 회장이 나를 찾아왔다.

"이 박사, 바쁜가?"

"회장님, 어쩐 일이십니까?"

"괜찮으면 저녁이나 같이 하지."

정 회장은 그날따라 기분이 매우 좋아 보였다.

"그래, 엔진 개발 일은 잘돼 가나?"

"네, 계획대로 진행되고 있습니다만……."

나는 정 회장이 무슨 말을 하려는지 궁금했다. 내 마음을 눈치챈 듯 그가 말했다.

"실은 오늘 구보 회장이 다녀갔다네."

"구보 회장이라면 미쓰비시의 회장 말입니까?"

구보 회장은 일본에서 '엔지니어의 신'으로 대접받는 인물이었다. 그는 제2차 세계대전 때 스물여덟의 나이로 제로 전투기 엔진을 설계해 유명해졌다. 정 회장과는 현대가 조선산업을 시작할 때 구보 회장이 배의 설계도를 빌려줬다는 소문이 날 만큼 막역한 사이였다.

"자네에게 말은 안 했네만, 실은 구보 회장이 작년에도 나를 찾아왔네. 왜 왔는지 짐작이 가나?"

짐작 가는 바가 없는 것은 아니었다. 하지만 나는 잠자코 다음 말을 기다렸다.

"구보 회장이 말하기를 '엔진을 설계한다는 게 그렇게 쉬운 일이 아니다. 현대에 왔다는 그 젊은 친구가 미국에서 공부도 하고, GM에서 일했다고 하니 엔진을 설계하긴 할 거다. 그런데 엔진 만드는 일이 고작 박사 한 명만 데리고 할 수 있는 일이 아니다'라고 말하는 거야."

나는 잠자코 듣기만 했다.

정 회장이 계속 말을 이었다.

"그런데 이번에 와서는 나한테 그러더군. 현대가 필요로 하는 건 미쓰비시에서 다 도와줄 텐데, 뭐하러 위험을 떠안고 엔진을 만드느냐는 거야. 그거야말로 돈 쓰고 시간 낭비하는 것 아니냐고 걱정하더군."

"그랬습니까?"

나는 담담하게 말했다. 현대의 엔진 개발을 막으려고 나를 보직 해임까지 시킨 회사이니 그럴 만도 하다고 생각했다.

"그러면서 뭐라는 줄 아는가? 지금이라도 엔진 개발 일을 없던 걸로 하면 당장 엔진 로열티의 반을 깎아 주겠다는군. 이 박사, 내 말 들었나? 자그마치 로열티의 반일세, 반. 하하하."

정 회장은 뭐가 그리 좋은지 호탕하게 웃어젖혔다. 하지만 나는 얼굴이 굳어지고 말았다. 로열티의 반이면 엄청난 금액이었다. 88올림픽이 열리던 해, '마이카' 붐이 일면서 현대자동차는 차가 없어서 못 팔 정도로 높은 수익을 올렸다. 연간 순이익의 절반 정도를 미쓰비시에 로열티로 지불하고 있었다. 그 금액을 반으로 줄일 수 있다면 현대에는 엄청난 이익이 될 것이다. 아무리 정 회장이라고 해도 무시할 수 없는 금액이었다.

"그래서, 뭐라고 하셨습니까?"

"뭐라고 하긴? 당연히 안 된다고 했지."

정 회장이 웃으며 말했다. 아무리 독자 엔진이 중요하다고 해도 구보 회장의 제안을 일언지하에 거절하는 것은 쉬운 일이 아니었다. 나는 정 회장에게 넌지시 물었다.

"회장님, 로열티를 반이나 줄일 수 있다면 회사에 엄청난 이익인데, 왜 그러셨습니까?"

그러자 정 회장이 싱글벙글 웃으며 대답했다.

"이 박사, 내가 바보인 줄 아나? 구보 회장이 자기한테 이익이 되지 않는 일을 나한테 제안할 리가 있나? 나는 구보 회장 말을 듣고 이 박사가 설계한 엔진이 성공할 거라는 확신이 들었네. 그러니 열심히 해서 꼭 성공시키게. 하하하."

정 회장은 호탕하게 웃으며 나를 격려했다. 그 후로도 정 회장은 마북리 연구소에 필요한 시설비와 연구비에 전폭적인 지원을 아끼지 않았다. 미쓰비시의 달콤한 제안을 포기하면서까지 독자 엔진 개발의 의지를 분명히 한 것이다.

내 어깨가 더욱 무거워졌다. 나는 회사의 기대와 견제를 동시에 받으며 엔진 개발에 몰두했다. 현대자동차의 사활이 걸린 독자 엔진 개발을 실패로 돌아가게 할 수는 없었다.

>>>>

갖은 수모를 겪어도 배우리라

엔진 개발 과정은 말처럼 쉽지 않았다. 모든 것을 처음부터 새로 시작하는 일이다보니 하나부터 열까지 수월하게 넘어가는 문제가 없었다.

우선 엔진을 만들려면 설계를 해야 하는데 엔진을 실세할 수 있는 사람이 없었다. 누군가는 외국에 가서 선진 기술을 배워 와야 했다. 우리는 영국의 리카르도라는 회사와 기술 협력 계약을 맺었다. 리카르도의 수장인 리카르도는 제1차 세계대전 때 가장 우수한 탱크 엔진을 개발한 엔진 기술자였다. 우리는 리카르도에 파견 팀을 보내 엔진 설계 기술을 익히기로 했다.

파견 팀은 이번에야말로 엔진을 제대로 설계하겠다는 포부를 가지고 영국으로 향했다. 리카르도는 파견 팀에게 따로 사무실을 내줬다. 그리고 두 명의 현지 직원이 우리와 함께 있으면서 개념 설계(Concept

Design)를 전수해 주기로 했다. 리카르도는 초기 개념 설계와 전산 해석을 담당하고, 우리 팀은 상세 설계와 시제품 등의 개발을 통해 대량 생산 설계를 하는 것으로 업무를 분담했다. 하지만 그들은 아시아의 작은 나라에서 온 우리에게 그리 친절하지 않았다.

첫날 리카르도 담당자들과 상견례를 마친 후 사무실을 배정받았을 때였다. 사무실은 한눈에 보기에도 낡은 2층짜리 오두막이었다. 오두막 2층에 리카르도가 준비해 놓은 점심이 놓여 있었는데, 커다란 쟁반에 랩으로 싼 샌드위치와 비스킷이 전부였다. 나는 우리 직원들이 계속 이런 대접을 받아서는 안 된다는 생각이 들었다. 그래서 리카르도 담당자에게 강하게 항의했다.

"우리는 당신들과 함께 일하기 위해 영국으로 왔습니다. 그런데 이제 막 도착한 직원들에게 이렇게 찬 음식을 대접할 셈입니까?"

그러자 담당자는 우리를 직원 식당으로 데려다줬다. 그제야 우리는 제대로 된 식사를 할 수 있었다. 하지만 이후에도 그들의 태도는 바뀌지 않았다. 그들은 우리에게 허락된 장소만 통행하도록 엄격하게 통제했고, 도면을 그리는 데 사용하는 도구도 낡고 오래된 것들만 내줬다. 우리는 오래된 제도판에 손에 맞지 않는 도구를 가지고 설계의 기본기를 익혀야 했다. 리카르도와 우리가 맺은 계약은 공동으로 엔진을 설계하는 것이었지만 리카르도 직원들은 우리에게 기술을 전수하는 데 인색했다. 엔진 설계 경험이 전혀 없는 우리는 설계에 관해 하나부터 열까지 궁금한 것 투성이였다. 궁금한 것을 물어보면 핵심 기술은 숨긴 채 그저 경험에서 우러나온 것이라고 얼버무리기 일쑤였다.

우리는 그런 제약 속에서 그날 배운 기술을 밤새 도면으로 직접 그려가면서 스스로 터득해야 했다. 경험이 없는 설계자들이라 기술을 배우는 속도는 매우 더뎠다. 그렇게 15개월 동안 숙소와 식사, 자료 복사 등에 제약을 받으면서 우리는 차츰 설계의 기본기를 익혀나갔다.

고생 끝에 설계도를 완성했지만 리카르도와 함께 개발한 설계도는 바로 상품화할 수 없었다. 우리나라의 가공 기술이나 소재 수준 등을 고려한 설계도가 아니었기 때문이다. 결국 우리 설계 팀이 생산성과 조립성, 원가 경쟁력 등을 고려해 세 차례에 걸쳐 대폭 수정하고 나서야 설계도는 공장에서 생산할 수 있는 사양으로 거듭날 수 있었다. 결과적으로 초기 설계와는 완전히 다른 엔진이 된 것이다. 당시 리카르도는 다른 회사들과도 엔진을 공동 개발하고 있었지만 실제로 상품화한 사례는 우리와 개발한 알파엔진이 유일하다. 무슨 일이 있어도 성공하겠다는 우리의 의지가 없었다면 엔진 개발은 불가능했을 것이다.

우리는 삼류 회사와 거래하지 않습니다

엔진을 설계한 다음에는 실제로 상품화가 가능하도록 시험·제작하는 단계를 거친다. 이를 시작(試作) 단계라고 한다. 시작 단계에서도 어려움이 많았다. 그때까지만 해도 알파엔진에 들어가는 부품을 만들 수 있는 국내업체가 흔치 않았다. 외주를 주려고 해도 알파엔진의 사양조차 이해하지 못하는 업체가 태반이었다. 시작 담당자는 전국에 흩어져 있는 130여 개 부품업체를 하나하나 찾아가서 설득해야 했다.

"이번에 현대에서 최신형 엔진을 개발하고 있습니다. 여기에 들어갈 부품을 만들려고 하는데, 제작해 줄 수 있겠습니까?"

그러면 부품업체 담당자는 이렇게 물었다.

"도대체 엔진을 왜 만들려고 하는 겁니까?"

그때까지 국내에서 엔진을 만든 사례가 없으니 어쩌면 당연한 반응이었을 것이다. 그러면 시작 담당자는 다른 업체에서 이미 여러 번 했던 말을 되풀이해야 했다.

"지금까지 현대에서 쓰던 엔진은 미쓰비시에서 사오던 것인데, 그게 신제품이 아니라서 앞으로 국제 경쟁에서 살아남기가 어렵습니다. 우리도 최신형 엔진을 만들어야 세계시장에서 경쟁할 수 있지 않겠습니까?"

그러면 부품업체들은 또 이렇게 물었다.

"그래서 현대에서 만드는 엔진이 정확하게 뭐라고요?"

시작 담당자가 엔진에 대해 구체적으로 설명하면 그들은 고개를 절레절레 흔들었다.

"그런 고사양 엔진을 만들려면 우리도 상당한 투자를 해야 합니다. 그런데 시작 제품이라면 소량으로 다양한 부품을 주문하겠다는 것 아닙니까? 그러면 우리도 수지가 맞지 않습니다. 거기다가 만에 하나 현대가 중도에 엔진 개발을 포기해 버리면 우리는 어떡합니까? 뜻은 좋습니더만, 아무래노 어렵겠습니다."

시작 담당자는 가는 업체마다 번번이 그런 말을 들어야 했다. 전국에 산재해 있는 부품업체들을 발이 부르트도록 돌아다녀도 선뜻 해 보겠다는 업체가 나타나지 않았다. 시작 담당자는 하도 많은 업체를 돌아다니며 같은 말을 반복하다 보니 나중에는 '레코드판'이라는 별명까지 얻게 됐다.

국내업체 못지않게 외국업체의 선입견도 만만치 않았다. 특히 미쓰비시는 알파엔진이 실패할 거라는 확신에 가까운 믿음을 가지고 있었다.

한번은 내가 엔진 문제로 미쓰비시에 논의할 것이 있어서 일본 출장을 간 적이 있었다. 당시 현대자동차는 미쓰비시의 시리우스엔진을 쓰고 있었는데, 그 엔진이 미국의 공해 법규를 통과하기가 어려워 미쓰비시 담당자와 회의를 소집한 것이다. 그런데 회의실에 들어서자 미쓰비시 연구소장이 대뜸 이렇게 말하는 것이었다.

"엔진 만드는 게 그렇게 쉬운 일이 아닐 거요. 당신이 찾아올 줄 이미 알고 있었소."

그는 오만한 태도로 그렇게 말하고는 내 얘기는 듣지도 않고 다시 말했다.

"그런데 조언을 들으려면 알파엔진을 가지고 왔어야지, 왜 빈손으로 온 거요?"

그는 내가 알파엔진 때문에 미쓰비시에 도움을 청하러 온 것으로 안 것이다. 나는 그에게 당당하게 말했다.

"알파엔진은 당신이 걱정할 필요가 없습니다. 내가 온 이유는 미쓰비시에서 설계한 시리우스엔진 때문입니다. 최근 미국에서 공해 법규가 강화되고 있는 건 잘 아실 겁니다. 시리우스엔진이 미국의 공해 법규를 만족시키기가 어려워서 우리는 걱정이 이만저만이 아닙니다. 미쓰비시 측에서는 대체 이 문제를 어떻게 해결하려고 하는지 듣고 싶어서 왔습니다."

그러자 미쓰비시 연구소장의 얼굴이 한순간에 일그러졌다. 알파엔진에 대해 훈수를 두려고 벼르고 있었는데, 시리우스엔진 문제를 꼬집자 자존심이 상한 것이다. 그는 자리를 박차고 나가더니 한참이 지나도 돌아오지 않았다. 결국 나는 미쓰비시의 부연구소장과 관련 내용을 논의한 후 돌아왔다.

외국의 부품업체도 마찬가지였다. 나는 엔진 부품 중 일부는 국내 업체에서 생산하더라도 첨단 부품은 어쩔 수 없이 외국업체에서 조달하려고 생각하고 있었다. 개발 초기에는 독일의 보쉬라는 회사의 제품을 쓸 계획이었다. 보쉬는 당시 세계에서 가장 큰 자동차 부품회사로, 뛰어난 기술력을 보유하고 있었다. 나는 보쉬의 부품을 구입하기 위해 직접 독일로 날아갔다. 하지만 우리가 독자적으로 엔진을 만들겠다고 하자 보쉬는 그 말을 믿지 않았다.

"엔진을 만드는 건 큰 회사도 하기 어려운 일인데, 현대같이 작은 회사가 엔진을 만들겠다고요?"

보쉬의 담당자는 이렇게 되물었다.

"그렇습니다. 우리는 지금 최신 사양의 엔진을 만들기 위해 최선을 다하고 있습니다. 돈은 얼마든지 드릴 테니 부품을 보내 주십시오."

하지만 보쉬 담당자는 고개를 가로저을 뿐이었다.

"우리는 지금 큰 회사들과 거래하는 물량만으로도 빠듯합니다. 돈을 아무리 많이 준다고 해도 어렵습니다. 그러지 말고 루카스나 벤딕스 같은 회사와 거래해 보는 게 어떻겠습니까?"

"뭐라고요?"

나는 잘못 들은 줄 알고 되물었다. 하지만 보쉬의 담당자는 태연하게 대답했다.

"우리는 현대 같은 삼류 회사와 거래를 원치 않는다는 말입니다."

그 말에 나는 그만 말문이 막히고 말았다. 아무리 세계적인 회사라고 해도 그런 수모를 당하고 나니 화가 머리끝까지 솟았다. 나는 화를 꾹 참고 자리에서 일어났다.

"그렇다면 할 수 없죠. 당신들이 좋은 기회를 놓쳤다는 것만 아십시오."

그러자 그들은 표정 하나 바뀌지 않고 이렇게 말했다.

"아마 우리가 후회할 일은 없을 것 같군요."

우리는 그렇게 아무 소득 없이 보쉬를 나왔다. 우리가 아무리 독자 엔진을 만든다고 떠들어도 누구 하나 귀담아듣지 않았다. 그만큼 현대자동차의 인지도가 낮았던 것이다. 그렇다고 그대로 돌아갈 수는 없었다. 이제 시작일 뿐이었다.

나는 마음을 가다듬고 그 길로 영국에 있는 루카스를 찾아갔다. 루카스는 보쉬에 비하면 아주 조그만 회사였다. 당시 일본 혼다의 시스템을 개발하고 있었는데, 막상 방문해보니 기술력이 그다지 좋지 않았다. 그래서 다시 미국에 있는 벤딕스로 날아갔다. 벤딕스는 크라이슬러의 지프 자동차에 들어가는 부품을 개발하고 있었는데 기술력이 어느 정도 있는 것으로 판단됐다. 그제야 벤딕스와 부품 계약을 맺고 돌아왔다.

변속기도 우리 힘으로

엔진만큼 중요한 자동차의 핵심 기술이 변속기다. 변속기는 엔진에서 만들어내는 동력을 속도에 따라 필요한 회전력으로 바꿔주는 장치다. 현대자동차는 엔진과 마찬가지로 변속기 기술도 미쓰비시에서 가져다 쓰고 있었다.

당시 자동차회사 대부분은 2축 변속기를 쓰고 있었다. 2축 변속기는 엔진 쪽과 연결된 구동축과 바퀴로 연결되는 전달축 이렇게 두 개의 축으로 이루어져 있다. 그런데 미쓰비시는 특이하게 3축 변속기를 썼다. 3축 변속기는 미쓰비시가 자체 개발한 것이었다. 현대자동차 역시 미쓰비시에 기술을 의존하고 있었기에 3축 변속기를 사용하고 있었다. 우리는 독자 엔진을 개발하면서 이 부분에 대해서도 결정을 내려야 했다.

'세계적인 시장 추세에 따라 2축 변속기를 쓸 것인가? 아니면 미쓰

비시의 3축 변속기를 그대로 따를 것인가?'

미쓰비시의 변속기 방식을 따라간다면 당장은 더 편할 것이다. 하지만 나중에 생산량이 늘어나면 얘기가 달라진다. 세계 자동차 시장 추세와 다른 방식을 채용한 것이기에 자칫 잘못하면 미쓰비시에 기술적으로 종속될 수 있었다. 장기적으로 봤을 때 위험도가 큰 선택이었다.

우리는 고심 끝에 알파엔진에 걸맞은 변속기도 개발하기로 했다. 알파엔진에 장착할 수동 변속기는 엔진보다 몇 개월 늦은 1984년 11월부터 개발에 들어갔다.

우리 힘으로 변속기를 개발하겠다는 의지는 확고했지만 막상 시작하려니 막막한 점이 한두 가지가 아니었다. 엔진도 마찬가지지만 변속기 분야는 우리나라에서 개발 경험을 가진 엔지니어가 아예 없다시피 했다. 그러다보니 초기에는 개발 인력을 구하지 못해 시간만 끌었다. 게다가 변속기는 엔진과 달리 설계 기술을 배울 만한 곳도 없었다. 우리 엔지니어들은 말 그대로 직접 부딪쳐가면서 독학으로 배울 수밖에 없었다. 어쩔 수 없이 포니의 수동변속기와 도요타의 수동변속기를 직접 분해하고 분석해 가면서 설계를 시작했다. 참고할 만한 것은 샘플 변속기 몇 대와 미쓰비시에서 가져온 변속기 도면이 전부였다.

하지만 알파엔진의 수동변속기는 어찌어찌 자력으로 해결한다고 해도 자동변속기까지 우리 힘으로 설계하는 것은 무리였다. 자동변속기가 수동변속기보다 설계 난이도가 높은 데다 투자비와 엔진 개발 시기를 고려했을 때 다른 회사에서 기술을 사오는 게 나을 것도 같았다. 하지만 결국 자동변속기 또한 기술 자립을 위해 우리가 직접 설계하기로 결정했다. 미쓰비시의 자동변속기를 2축용으로 새로 개조해서 쓰기로 한 것이다. 설계도면을 그릴 때는 필요시 미쓰비시의 도움을 받기로 했는데, 미쓰비시 측에서 계약 외의 사항에 대해서는 어떤 질문도 받지 않을 만큼 철저히 보안을 지켜 애를 많이 먹었다.

거기다 변속기 역시 체계적인 개발 과정이 아직 정립되지 않은 상태였기에 무엇이든 먼저 시도해보고 실수를 교정하는 과정을 거쳐야 했다. 수많은 설계를 거쳐 시작 제품을 만들고 시험 과정을 거친 다음, 시험 결과를 분석해서 다시 재설계하는 과정이 반복됐다. 테스트를 위해 사용한 변속기만 해도 2백 대에 달했다.

우리 엔지니어들은 이 모든 과정을 대부분 외부의 도움 없이 자체적으로 소화했다. 그런 과정을 거치면서 일파엔진과 변속기 개발이 차근차근 진행됐다. 다행히 변속기는 엔진보다 설계 기간이 짧아 알파엔진 프로젝트에는 차질을 빚지 않았다.

4

한국 최초로
자동차 엔진을
개발하다

누구든 자신을 내던져

온전히 한 가지에 집중할 때

번뜩이는 아이디어를 만날 수 있고,

생각지 못한 발견에 이를 수 있다.

그저 평소대로 하던 만큼만 노력한다면

이뤄낼 수 있는 게 별로 없다.

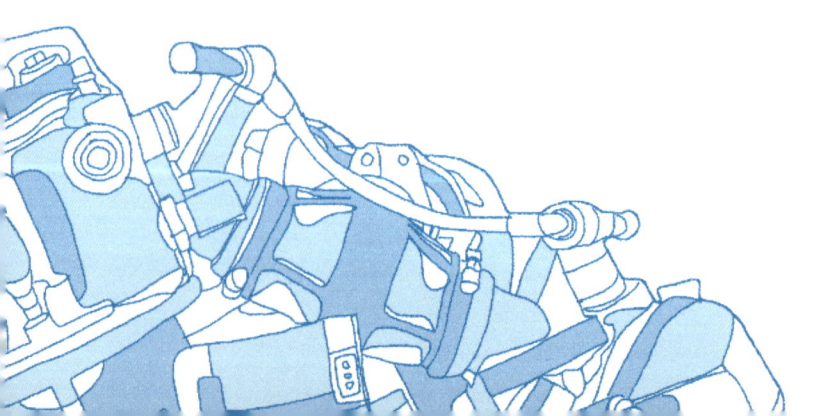

엔진이 왜 자꾸 깨질까

엔진 시작품 1호가 나온 것은 1985년 10월 26일. 시작품을 제작한 지 7개월 만의 일이었다.

시작품 1호가 완성되던 날, 엔진 제작에 참여했던 수십 명의 엔지니어들이 연구실에 모였다. 조바심 속에서 돼지머리를 올려놓고 고사를 지냈다. 드디어 엔진을 시험 가동하는 순간이 왔다.

'과연 제대로 돌아갈까?'

'행여 뭐가 잘못되지는 않을까?'

엔지니어들의 눈빛에서 불안과 기대를 동시에 읽을 수 있었다. 조심스럽게 시작품 1호를 작동시켰다. 엔진은 우려와 달리 점점 가속도가 붙으면서 힘차게 돌아갔다. 이 모습을 지켜보던 엔지니어들은 연구실이 떠나가라 환호성을 질렀다. 원하는 성능에 도달하려면 아직도 개선해야 할 것들이 많았다. 하지만 그때는 우리가 설계한 엔진이 실제로 돌아간다는 사실만으로도 기쁘고 신기하기만 했다.

그로부터 1년 후인 1986년 8월, 알파엔진의 내구 시험이 시작됐다. 설계를 시작한 지 1년 반 가까이 지난 시점이었다.

내구 시험은 엔진이 얼마나 오래 튼튼하게 견디는지 시험하는 것이다. 그래서 성능이 뛰어난 엔진을 만들기 위해서는 다양한 방식의 내구 시험이 반드시 필요하다. 더욱이 우리가 개발하려는 엔진은 기술적으로도 상당히 뛰어난 엔진이었다. 어지간한 개발 과정과는 비교할 수 없는 반복 시험이 필요했다.

그런데 내구 시험이 한창이던 10월에 접어들면서 갑자기 일주일에 한 대씩 엔진이 깨지기 시작했다. 이전에도 시험 과정에서 엔진이 깨지는 일은 자주 있었다. 하지만 그때마다 원인을 밝혀내고 보완하면서 성능을 높여왔다. 그런데 이번에는 달랐다. 원인을 밝히지 못한 채 계속 엔진이 깨져나가고 있었다. 연구소 전체가 초비상이 걸렸다.

시작품 엔진 하나를 만드는 데는 자그마치 2000만 원 이상의 비용이 들었다. 지금으로 따지면 엔진 한 대당 약 1억 원의 개발비가 드는 셈이다. 대량으로 생산하는 게 아니라 예술품을 깎듯이 하나하나 공들여 만들기 때문이다. 그런 엔진이 한두 개도 아니고 연달아 스무 개가 넘게 깨져나가고 있으니 엔지니어들은 피가 마르는 심정이었다.

개발 과정에서 엔진이 깨지는 이유는 다양했다. 도면을 잘못 그려 깨질 수도 있고, 시험 방법에 문제가 있어서 깨지는 경우도 있다. 부품업체의 기술력이 떨어져서 설계 사양대로 제대로 만들지 못하는 바람에 깨지는 경우도 있었다. 부품업체의 기술력을 보완하고 나서부터는 내구 시험 과정에서 깨지는 횟수도 점차 줄어들었다.

때로는 어이없는 실수로 엔진이 깨진 적도 있다. 보통 실험실에 들어가면 엔진을 작동시키기 전에 냉각수 라인을 열고, 배기가스 배출 블로어(송풍기)를 돌려야 한다. 그래야 엔진이 과열되는 것을 막고 정상적으로 작동할 수 있기 때문이다. 그런데 한 번은 실험실 엔지니어가 깜빡 잊고 이 과정을 거치지 않은 채 엔진을 작동시켰다. 당연히 엔진이 과열돼 깨지고 말았다.

뒤늦게 이 사실을 알게 된 엔지니어는 얼굴이 새파랗게 질렸다. 자신의 실수로 수천만 원짜리 엔진을 망가뜨렸으니 덜컥 겁이 난 것이다. 그는 두려움과 좌절감에 휩싸여 연구소 뒷산에 올라가 눈이 퉁퉁 붓도록 울다가 내려왔다. 그런 일로 내가 엔지니어를 질책한 적은 한 번도 없지만 우리 연구소 엔지니어들이 그 정도로 심적인 부담감을 가지고 엔진을 만들었던 것은 사실이다.

알파엔진이 계속 깨져나간다는 소문이 돌자 엔진 개발에 반대했던 사람들의 비판과 질책도 점점 심해졌다.

"그것 보십시오. 결국 안 되는 거 아닙니까."

"말도 안 되는 엔진을 개발한답시고 수백억 원의 연구비를 쏟아부었으니 이제 누가 책임질 겁니까?"

그런 비판을 들을 때마다 연구소에는 숨 막히는 침묵이 감돌았다. 알파엔진에 확신을 가지고 있던 나조차도 긴장하지 않을 수 없었다.

그렇게 두 달이 지나도록 엔진이 깨지는 문제는 전혀 해결될 기미가 보이지 않았다. 그 이유조차 알 수 없으니 속이 타들어가는 것 같았다. 급기야 정세영 사장이 나를 호출했다.

"이 박사, 우리가 얼마나 많은 돈을 들여 엔진을 개발하고 있는지 잘 알지 않소. 그런데 이렇게 자꾸 엔진을 깨뜨리기만 할 거요? 대체 엔진이 깨지는 이유가 뭐요?"

하지만 나는 아무 말도 할 수가 없었다. 엔진이 깨지는 이유를 누구보다 알고 싶은 사람은 바로 나 자신이었다. 정 사장은 다시 한 번 물었다.

"정말 우리 손으로 엔진을 만들 수 있긴 한 거요?"

"지금 원인을 찾고 있습니다. 조금만 더 기다려주십시오."

나는 그 말 외에 달리 할 말이 없었다.

오! 유레카

정세영 사장을 만나고 돌아온 나는 겉으로 내색하지는 않았지만 마음이 초조했다. 성공의 기미는 보이지 않고 깨지기만 하는 엔진을 바라보고 있자니 말할 수 없이 우울했다. 어떻게 해서든 원인을 밝혀내고 싶었다.

마음을 가다듬고 실험실에 들어가 엔진을 작동시켜 봤다. 그러나 이번에도 실패. 잘 돌아가던 엔진이 어느 순간 과열되더니 또 깨지고 말았다. 온몸에 힘이 쭉 빠지는 것 같았다.

'도대체 왜 깨지는 것일까?'

알파엔진은 고출력 엔진이라 열부하가 심한 편이었다. 그래서 내연 기관인 실린더 헤드부가 깨지는 일이 자주 있었다. 그럴 때마다 문제점을 하나하나 보완해 나갔는데, 이번에는 어느 부분에 이상이 생긴 것인지 도통 감이 집히지 않았다.

나는 깨진 엔진을 들고 사무실로 돌아왔다. 사무실 책상에 부품을 하나하나 올려놓고 생각에 잠겼다. 내 생각에는 냉각수가 엔진을 잘 식혀주지 못하는 것 같았다. 하지만 어느 부분이 잘못돼서 냉각수가 제대로 흐르지 않는 것인지는 알 길이 없었다. 나는 엔진의 구조를 머릿속으로 그려가면서 결함을 찾기 시작했다.

'실린더 헤드부 문제인 것은 분명한데 그렇다면 소재 불량일까? 아니면 설계를 잘못한 걸까?'

예상 가능한 문제들을 하나하나 짚어봤지만 모두 직접적인 원인은 아닌 것 같았다. 심혈을 기울여 만든 엔진이 속절없이 깨지고 있는데 그 실마리조차 잡을 수 없으니 암흑 속을 헤매는 것처럼 가슴이 답답했다. 그러다 문득 정신을 차려보니 밖이 이미 어두워져 있었다. 밤 11시였다. 사무실로 돌아온 게 오후 4시쯤이었으니 족히 예닐곱 시간을 그러고 앉아 있었던 것이다. 나는 서둘러 퇴근 준비를 했다. 하지만 집에 도착해서도 엔진 생각이 머리에서 떠나지 않았다. 씻고 잠자리에 들 때까지 골똘하게 생각하다가 나도 모르게 잠이 들었다. 꿈속에서도 엔진에 관한 생각이 끊이지 않다가 새벽녘에 어렴풋이 잠에서 깼는데, 문득 해결의 실마리를 찾은 것 같았다.

'혹시 기포의 문제가 아닐까?'

냉각수에서 보글보글 끓고 있는 기포의 모습이 눈앞에 생생하게 그려졌다. 실린더 헤드부에서 발생한 기포 때문에 냉각수가 잘 흐르지 않을 수도 있다는 생각이 들었다. 나는 서둘러 옷을 챙겨 입고 다시 실험실로 나갔다. 이른 시간이라 실험실에는 아무도 없었다.

마음을 가다듬고 다시 엔진을 작동시켜 봤다. 이번에는 실린더 헤드부에서 발생하는 기포를 유심히 관찰했다. 그런데 이게 웬일인가. 정말로 엔진의 온도가 올라가 기포가 발생하자 냉각수가 제대로 흐르지 못하는 현상이 일어난 것이다. 결국 얼마 지나지 않아 엔진은 과열을 버티지 못하고 깨져버렸다. 정말로 기포가 문제였던 것이다!

마북리 연구소 전체를 위기로 몰아갔던 엔진 파손 문제는 결국 '냉각계통 이상'이라는 원인이 밝혀지면서 해결의 실마리를 찾을 수 있었다. 흔히 과학자들이 문제에 몰두하다 보면 꿈에서 영감을 얻기도 한다는데 나도 우연찮게 그런 경험을 하게 된 것이다.

성공한 사람들 대부분이 몰입의 힘을 잘 알고 있다. 그들은 몰입하는 과정에서 탁월한 결과물을 내놓는다. 누구든 자신을 내던져 온전히 한 가지에 집중할 때 번뜩이는 아이디어를 만날 수 있고, 생각지 못한 발견에 이를 수 있다. 그저 평소대로 하던 만큼만 노력한다면 이뤄낼 수 있는 게 별로 없다.

실패는 성공으로 가는 과정일 뿐

알파엔진의 시작 단계는 여전히 끝나지 않았다. 이미 기술적인 기반이 갖춰진 선진국에서라면 수십 대 정도의 시작품만 가지고도 시험 과정을 마칠 수 있었을 것이다. 하지만 우리는 시험 과정을 거치는 데만 20~30대의 시작품이 필요했다. 물론 여기서 끝난 게 아니다. 시작품이 우리가 원하는 사양에 도달하기까지 약 500대의 엔진을 더 만들어야 했다.

이렇게 시행착오를 거쳐 원하는 사양에 도달한 엔진은 마지막으로 차에 얹어 테스트하는 과정을 거친다. 알파엔진을 시험하는 데는 자그마치 자동차 150대가 사용됐다. 나는 신엔진개발실의 총 책임자로서 알파엔진을 장착한 차를 직접 운전해보고 엔진의 소음이나 속도 등의 세부적인 문제를 직접 점검했다.

극한의 조건에서도 견딜 수 있는 엔진을 개발하기 위해서는 국내뿐 아니라 외국에서의 테스트도 필수적이다. 상상하기조차 힘든 더위와 추위 속에서 엔진이 버틸 수 있는지 직접 테스트하는 것이다.

1987년 7월에 미국 애리조나 주 피닉스에서 독일 보쉬 엔지니어와 함께 알파엔진을 섭씨 45도의 고온에서 테스트했다. 피닉스에서 고온 테스트를 할 때는 냉동 트럭이 고장 나는 바람에 연료 드럼통이 언제 폭발할지 모르는 아슬아슬한 상황을 겪기도 했다. 1988년 1월에는 캐나다 온타리오 주 오파사티카에서 영하 30~40도의 저온 테스트를 거쳤다. 1989년 7월에는 고도 1600미터 기압 830밀리바의 미국 콜로라도 주 덴버에서 고지 테스트도 실시했다. 이렇게 엔진을 시험 차량에 얹어 운전한 시간을 모두 합하면 총 2만 1000시간이 넘는다. 지구를 105바퀴 돌고도 남는 거리였다.

1991년, 드디어 현대자동차는 1.5리터급 알파엔진과 변속기를 개발하는 데 성공했다. 엔진 개발을 시작한 지 어언 6년 반 만의 일이었다.

사람들은 나더러 성공한 엔지니어라고 하지만 실은 나도 실패를 많이 겪었다. 알파엔진을 개발할 때는 원하는 사양에 도달할 때까지 자그마치 5백 대가 넘는 엔진을 새로 만들어야 했고, 그중에 백 대는 시험 과정에서 깨뜨렸다. 하지만 실패가 거듭될 때도 엔진 개발이라는 최종 목표를 포기한 적은 없었다. 시행착오를 반복하지 않으면 원하는 엔진을 개발할 수 없다는 사실을 알고 있었기 때문이다.

이처럼 엔지니어는 하는 일 자체가 남들이 안 하는 것, 세상에 없는 것을 새로 만드는 일이기 때문에 실패를 안 하려야 안 할 수기 없다.

에디슨은 필라멘트에 적합한 재료를 찾기 위해 무려 1600가지의 내열재와 6000개가 넘는 식물질 섬유를 직접 실험한 것으로 유명하다. 그 과정에서 번번이 실패를 맛봤지만, 그것을 결코 실패라고 보지 않았다. 그는 필라멘트의 재료를 찾는 데 실패한 게 아니라 필라멘트의 재료가 될 수 없는 것을 발견하는 데 성공했다고 말했다.

뛰어난 엔지니어가 되고 싶다면 이처럼 웬만한 실패쯤은 대수롭지 않게 여길 수 있는 마음가짐이 필요하다. 한두 번의 실패에 의기소침해지고 포기해버린다면 엔지니어로서 자격이 없다. 나는 그렇게 단언한다. 실패 앞에 주눅 들지 않아야 엔지니어로서 성공할 수 있다. 엔지니어에게 실패는 성공으로 가는 과정일 뿐이다.

수상 그리고 입원

알파엔진 개발을 세상에 알리는 기자회견을 마치고 돌아온 날 밤, 나는 오랜만에 홀가분한 마음으로 지난 시간을 되돌아봤다. 정신없이 달려온 6년 여의 시간이 주마등처럼 스쳐갔다. 처음 입사해서 연구소 부지를 마련하기 위해 백방으로 뛰어다녔던 일, 연구소 직원을 채용하고 밤마다 교육시켰던 일, 새로 개발할 엔진에 '알파'라는 이름을 직접 짓고 엔진 개발에 매달린 일, 끝날 것 같지 않던 테스트 끝에 마침내 엔진을 세상에 내놓기까지 모든 일이 영화 속 한 장면 같았다.

알파프로젝트에는 약 250여 명의 연구 인력이 투입됐다. 단일 프로젝트치고는 상당한 인력 투입이었다. 수백 명의 엔지니어들이 오로지 독자 엔진을 개발하겠다는 일념으로 1년 365일 실험실에서 살다시피 했다. 알파프로젝트는 아무도 믿어주지 않는 상황에서 순전히 엔지니어의 '오기'와 '의지'만으로 이루어낸 일이었다.

알파엔진은 독자 기술로 개발한 한국 최초의 엔진이라는 상징성 못지않게 성능 면에서도 뛰어났다. 출력과 연비 모두 기존 엔진을 월등히 뛰어넘는다는 평가를 받았다. 그 해 알파엔진은 기술의 우수성을 인정받아 제1회 장영실상을 수상했다. 장영실상은 새로운 기술을 개발하고 상품으로 만들어서 우리나라 산업의 기술 혁신을 이끈 기업이나 연구소의 개발 담당자에게 수여하는 상이다. 한 사람의 엔지니어로서 한국 최초의 독자 엔진을 개발해 자동차산업 발전에 일조했다는 사실은 더없이 큰 보람이었다. 알파엔진은 개발된 지 23년이 넘은 지금도 여전히 중국, 러시아, 남미 등에서 꾸준히 사용될 만큼 성능이 우수하다. 한국에서는 단종됐지만 전 세계적으로 누적 생산량 1000만 대를 돌파한 엔진이기도 하다.

하지만 알파엔진을 개발하면서 우리가 얻은 것은 단순히 국내 최초의 엔진을 개발했다는 가시적인 성과가 아니다. 우리는 그보다 값진 교훈을 얻었다. 기술은 한두 마디 말이나 책으로 배울 수 있는 게 아니라는 사실이다. 기술은 끊임없이 시행착오를 거치는 과정에서 경험으로만 얻을 수 있는 '그 무엇'이다.

우리는 알파엔진 개발 과정에서 우리만의 엔진 개발 노하우를 차곡차곡 쌓아갈 수 있었다. 그것은 선진국에 가서 기술을 전수받거나 공부를 많이 한다고 해서 얻을 수 있는 것이 아니었다. 하나하나 직접 시험해보고 몸으로 부딪치는 과정을 통해서만 얻을 수 있는 것이었다. 그렇게 축적한 경험과 기술이 있었기에 후속 엔진 개발에도 가속도가 붙을 수 있었다. 마북리 연구소는 그때부터 현대자동차의 기술을 주도적으로 이끄는 연구소로 거듭날 수 있었다.

나는 어느새 가족처럼 믿고 의지하게 된 엔지니어들의 얼굴을 한 명 한 명 떠올려봤다. 기계공업이나 중공업은 한 사람의 천재가 모든 일을 해낼 수 있는 분야가 아니다. 알파엔진 개발 역시 연구소의 엔지니어들이 모두 힘을 합쳐 매달리지 않았다면 불가능한 일이었다.

그날 밤은 실로 오랜만에 단잠을 잘 수 있었다. 그런데 다음 날 아침, 잠에서 깼는데 몸이 말을 듣지 않았다. 얼굴 근육이 마비돼 입도 다물어지지 않았고, 눈꺼풀도 감기지 않았다. 나는 곧바로 병원으로 옮겨졌다.

"그동안 몸을 너무 혹사하신 것 같습니다. 과로 때문에 면역력이 약해진 틈을 타 감기 바이러스가 뇌로 침투했습니다. 당분간은 일을 쉬면서 몸을 추스르는 게 좋겠습니다."

의사의 충고였다. 덕분에 나는 한 달 넘게 병원에 입원해 있는 신세가 됐다. 6년이 넘는 시간 동안 쉬지 않고 달려온 탓에 몸에 무리가 간 것이다.

모든 개발 과정이 다 그렇지만 알파엔진 개발은 특히나 심적인 압박감이 상당했다. 회사 안팎으로 반대가 심한 프로젝트였던 데다가 성공 확률도 매우 낮았다. 만약 실패하면 회사의 운명은 물론, 나를 믿고 따라준 수백 명의 엔지니어들이 길거리에 나앉을 수도 있었다. 프로젝트 총 책임자로서 나는 젊고 유망한 엔지니어들에게 실패 경험을 안겨주고 싶지 않았다. 그러다보니 내색은 하지 않았지만 반드시 성공시켜야 한다는 압박감이 컸나 보다. 엔진 개발을 마무리 짓고 나자 긴장감이 한꺼번에 풀어지면서 탈이 난 것이다. 다행히 입원해 있는 동안 마비 증상은 어느 정도 회복됐다. 하지만 지금도 그때의 후유증이 얼굴에 남아 있다.

구보 회장도 인정할 수밖에

알파엔진 개발에 성공하고 엔진을 양산할 수 있는 공장 건설에 집중하고 있을 무렵이었다. 어느 날 미쓰비시의 구보 회장이 한국을 방문했다. 이번에는 정주영 회장이 아니라 나를 만나러 온 것이었다. 구보 회장은 마북리 연구소에 들어서자마자 나를 찾았다.

"이현순 박사가 누굽니까? 이 박사를 만나고 싶습니다."

내가 구보 회장 앞으로 나서자 그는 반갑게 인사했다.

"이 박사가 알파엔진 개발을 주도했다고 들었습니다. 괜찮다면 그 엔진을 볼 수 있겠습니까?"

나는 흔쾌히 그를 실험실로 안내했다. 실험실로 가는 도중에 그가 물었다.

"나도 평생 동안 엔진을 개발한 사람입니다. 그래서 이 박사가 엔진을 만들겠다고 했을 때 남일 같지 않았지요. 그래, 엔진을 개발하면서 뭐가 가장 어려웠습니까?"

나는 솔직하게 대답했다.

"아무래도 고성능 엔진을 만들다보니 열에 의한 변형을 최소화하는 게 가장 어려웠습니다."

그러자 구보 회장은 이해가 간다는 듯 고개를 끄덕였다.

"나도 제2차 세계대전 때 제로 전투기를 만들면서 엔진의 열 변형이 심해서 고생을 많이 했지요."

우리는 금세 대화가 통하는 것을 느꼈다. 그는 경쟁 회사의 수장이 아니라 한 사람의 엔지니어로서 나에게 묻고 있었다.

"열 변형 온도를 맞추기가 쉽지 않았을 텐데 엔진의 온도 편차는 어느 정도까지 맞췄습니까?"

"처음에는 80도 이내로 낮추는 걸 목표로 했습니다. 그런데 그렇게까지 낮추지는 못했고, 92도까지는 낮출 수 있었습니다."

내가 이렇게 말하자 그는 놀란 표정을 지었다. 그도 그럴 것이 당시 출시되는 엔진은 대부분 열 변형을 일으키는 온도 차이가 100도 수준이었다. 알파엔진이 92도까지 열 변형 온도를 낮춘 것은 대단한 수준이었다. 하지만 나는 애초에 목표했던 기준에 도달하지 못해 아쉬워하고 있었다.

"온도 편차는 어떻게 측정했습니까?"

"그야, 온도계로 측정했지요."

그러자 구보 회장은 그 엔진을 어서 보고 싶다고 했다. 나는 실험실에 보관하고 있던 알파엔진을 그에게 보여줬다. 이미 개발이 끝난 엔진에는 각 부위별로 240개나 되는 온도계가 촘촘히 박혀 있었다. 구보 회장이 엔진을 꼼꼼히 살펴보더니 감탄하며 이렇게 말했다.

"정말 대단합니다. 좋은 엔진을 만들려면 이 정도 정성은 쏟아야지요. 이 박사같이 훌륭한 엔지니어를 만나게 돼서 정말 기쁩니다."

구보 회장의 과도한 칭찬에 나는 의아한 마음이 들었다.

"아니, 미쓰비시에서는 이렇게 안 합니까?"

"미쓰비시는 이렇게 안 합니다. 열 변형을 최소화하기 위해 아예 엔진 자체를 두껍게 만들지요."

"그렇게 하면 성능이 떨어지지 않습니까? 그런 엔진으로 세계시장에 나갈 수 있겠습니까?"

내 말에 구보 회장이 씁쓸한 미소를 지었다.

"그러게 말입니다."

그동안 현대자동차의 엔진 개발을 막기 위해 나를 해고까지 하려고 애쓰던 구보 회장이었지만 그도 역시 천생 엔지니어였다. 좋은 엔진을 만들기 위해 평생을 헌신한 사람답게 그는 알파엔진을 만든 우리의 기술력을 엔지니어 대 엔지니어로서 인정해줬다.

나중에 들은 얘긴데, 구보 회장은 일본으로 돌아가자마자 오카자키 시에 있는 미쓰비시 연구소로 달려갔다고 한다. 그는 천 명이 넘는 미쓰비시 연구원들을 전부 대강당으로 불러 모았다.

"지금 방금 한국에서 돌아오는 길입니다. 현대자동차에 갔더니 아주 독한 엔지니어가 한 명 있습니다. 모두 정신을 바짝 차리지 않으면 10년 내에 우리가 현대자동차로 기술을 배우러 다니게 될지도 모릅니다. 그러니 부지런히 기술을 개발하십시오."

미쓰비시 연구원들은 그날 퇴근도 하지 못한 채 오랫동안 구보 회장의 잔소리를 들어야만 했다. 하지만 구보 회장의 말을 곧이곧대로 믿는 사람은 아무도 없었다. 그도 그럴 것이 구보 회장이 경고하던 그 순간에도 현대자동차 울산 공장의 엔진 생산팀이 미쓰비시에서 기술을 전수받고 있었기 때문이다. 그러나 놀랍게도 몇 년 후, 구보 회장의 경고는 그대로 현실이 됐다.

현대와 파트너가 되고 싶습니다

알파엔진 개발 후에도 우리는 거기서 만족하지 않고 후속 엔진 개발에 박차를 가했다. 날이 갈수록 현대자동차의 기술력은 향상되고 있었다. 덩달아 세계 자동차 시장에서 우리의 입지도 높아졌다. 포니의 후속으로 내놓은 엑셀이 미국에서 호응을 얻고 있었다. 현대자동차가 엔진 개발에 막대한 투자를 하고 있다는 사실이 알려지면서 외국업체들의 시선도 눈에 띄게 달라졌다. 특히 보쉬의 태도는 인상적이었다.

알파엔진을 개발할 당시에 우리를 문전박대했던 보쉬는 몇 년 만에 태도를 완전히 바꿨다. 그들은 우리와 엔진 부품을 공동 개발하고 싶다는 의사를 전해왔다.

"지금까지 보쉬는 어떤 회사와도 합작한 적이 없습니다. 하지만 우리는 현대와 파트너 관계를 맺고 싶습니다."

하지만 나는 몇 년 전의 수모를 잊지 않고 있었다. 우리를 삼류 회사라고 칭했던 보쉬와 합작을 하고 싶은 마음이 조금도 없었다. 그래서 이렇게 답했다.

"제안은 고맙지만 우리는 이미 다른 회사와 계약해서 필요한 부품을 쓰고 있습니다. 미안하지만 다른 회사를 알아보십시오."

하지만 그들은 쉽게 포기하지 않았다. 이번에는 정세영 사장에게 합작 의사를 전했다. 정세영 사장은 보쉬 임원진과 우리 연구소 책임자들을 한자리에 불러 모은 다음 이렇게 말했다.

"나는 엔진 개발에 대해서는 아무것도 모릅니다. 그저 우리 이 박사가 한다면 하고, 안 한다면 안 하지요. 그러니 이 박사를 먼저 설득해 보는 게 좋겠습니다."

그제야 보쉬 회장이 한 발 물러났다.

"좋습니다. 그러면 합작 건은 시간을 두고 차근차근 얘기해 보기로 하고 빠른 시간 내에 우리 회사에 꼭 한번 방문해 주십시오. 우리가 개발하고 있는 모든 제품과 기술을 보여드리고 싶습니다."

보쉬는 1886년에 독일에서 벤츠가 처음으로 자동차를 발명했을 때 그 차의 부품을 납품했던 회사였다. 그만큼 기술에 대한 자부심을 가지고 있었다. 나는 개인적으로 보쉬에 좋은 인상을 갖고 있지는 않았지만 그들의 기술력만큼은 내심 궁금했다. 그래서 시간을 내서 독일에 있는 보쉬 연구소를 방문했다. 예상대로 보쉬는 대단한 회사였다. 기술력으로 보나 규모로 보나 벤츠와 함께 세계 자동차 기술을 선도

하고 있는 '자동차산업의 양대 산맥'이라고 해도 과언이 아니었다. 모르긴 몰라도 보쉬는 내가 그들의 뛰어난 기술력을 직접 확인하고 나면 마음을 돌릴 거라고 예상했을 것이다. 하지만 나는 견학을 마치고 나서 이렇게 말했다.

"당신네 회사가 대단하다는 것은 잘 알겠습니다. 하지만 나는 아직 합작을 해야 할지 말지 결정하지 못했습니다. 나중에 다시 얘기하도록 합시다."

그러고는 뒤도 돌아보지 않고 한국으로 돌아왔다.

그런데 보쉬를 방문한 지 얼마 지나지 않았을 때의 일이다. 갑자기 미쓰비시에서 더 이상 부품을 납품할 수 없다는 연락이 왔다. 당시 현대자동차는 엑셀에 들어가는 연료 장치를 미쓰비시에서 공급받아 쓰고 있었다. 그 부품이 없으면 미국에 엑셀을 수출할 수 없는 상황이었다. 예기치 못한 미쓰비시의 통보에 당황한 우리는 그 원인을 파악하다가 보쉬가 이 사건에 개입하고 있다는 사실을 알게 됐다.

미쓰비시는 엑셀에 들어가는 부품을 보쉬의 원천 특허 기술을 이용해 만들고 있었다. 그런데 보쉬가 현대자동차에 부품을 공급하지 못하도록 미쓰비시에 압력을 넣은 것이다. 원천기술을 보쉬가 가지고 있으니 미쓰비시는 우리에게 부품을 공급하고 싶어도 할 수가 없었다.

이처럼 자동차산업에서는 원천기술을 가지고 있는 것이 무엇보다 중요하다. 원천기술을 가지고 있지 않으면 자동차를 만들 때마다 원천기술을 보유한 회사에 로열티를 내야 한다. 현대자동차가 천문학적인 액수를 투자하면서 독자 엔진을 개발하려고 한 것도 따지고 보면 원천기술을 보유하기 위해서였다. 우리가 미쓰비시에 휘둘린 것처럼 원천기술을 보유하지 못하면 결국 원천기술을 갖고 있는 회사에 종속될 수밖에 없기 때문이다.

보쉬는 미쓰비시에 압력을 넣은 다음 우리에게 이렇게 통보해왔다.

"앞으로는 엑셀에 들어가는 부품을 우리가 직접 공급하겠습니다. 하지만 한 가지 조건이 있습니다. 부품을 받고 싶으면 우리와 합작해야 합니다."

우리는 딜레마에 빠졌다. 보쉬와 합작하지 않으면 해당 부품을 납품받을 수 없고, 그러면 엑셀을 미국에 수출할 수 없게 된다. 차는 수출해야겠고, 보쉬와 합작하는 것은 탐탁지 않았던 나는 합작을 진행하기로 하고서도 계속 시간을 끌었다. 이번에는 우리가 아쉬울 것이 없었기에 합작 조건도 까다롭게 걸었다. 그런데도 보쉬는 우리의 조건을 모두 받아들이겠다고 했다. 결국 1년 반 만에 합작회사가 만들어졌다. 처음 보쉬를 찾아갔을 때와 달리 그간 현대자동차의 위상이 높아졌기에 우리는 만족스러운 조건으로 협상할 수 있었다.

비운의 감마엔진

알파엔진에서 시작한 현대자동차의 엔진 개발은 이후 세타엔진, 람다엔진, 타우엔진까지 거침없이 이어졌다. 열 손가락 깨물어 안 아픈 손가락이 없듯 모두 공들여 개발한 엔진이라 어느 것 하나 애착 가지 않는 것이 없다. 알파엔진은 아무도 성공할 거라고 믿지 않는 상황에서 국내 최초로 개발한 엔진이라는 점만으로도 자부심을 느끼기에 충분했다. 세타엔진과 타우엔진은 현대의 기술력이 세계적으로 인정받은 엔진이라는 점에서 남다른 의미가 있었다. 하지만 그중에서도 내게 특별한 의미로 남아 있는 엔진이 있는데, 바로 감마엔진이다. 알파엔진과 베타엔진 개발에 성공하고 나자 우리 팀은 중형 승용차용 엔진으로 감마엔진 설계에 들어갔다.

미쓰비시는 끊임없이 우리의 독자 엔진 개발을 막으려고 기회를 노리고 있었다. 내가 보직 해임 당했을 때는 유능한 우리 엔지니어들을 미쓰비시의 오리온엔진을 개조하는 데 투입했다. 미쓰비시는 그런 방식으로 현대와 엔진을 공동으로 개발하려고 했다. 전적으로 미쓰비시에 유리한 조건이었기 때문이다. 미쓰비시 입장에서는 자신들의 엔진을 우리 엔지니어들을 투입해 개조할 수 있고, 기술 지도를 한다는 명목 아래 특허권도 챙길 수 있어서 일석이조인 셈이다. 거기다 우리 엔지니어들이 미쓰비시의 엔진을 개발하다 보니 현대자동차의 독자 엔진 개발이 그만큼 미뤄질 수밖에 없었다. 다행히 오리온엔진 개조는 내가 신엔진개발실장으로 복귀하면서 무산됐지만, 이후에도 미쓰비시는 우리의 독자 엔진 개발을 막으려고 끊임없이 노력했다.

현대자동차가 한창 2000cc와 2400cc급으로 감마엔진을 설계하고 있을 무렵이었다. 당시 우리는 독자 엔진 기술은 확보한 상태였지만 아직 변속기 기술은 완벽하게 독립하지 못한 상태였다. 그래서 어쩔 수 없이 미쓰비시의 신형 변속기 기술을 가져다 변형해서 쓰려고 했다. 그 즈음 미쓰비시에서 중형 승용차에 들어가는 신형 변속기를 개발했기 때문에 우리는 그 기술을 가져다 쓰면 되겠다고 생각했다. 하지만 미쓰비시는 순순히 기술을 주려고 하지 않았다.

"신형 변속기 기술을 쓰고 싶다면 조건이 있습니다. 마침 우리가 시리우스엔진을 개조해 시리우스2엔진을 개발했는데, 신형 변속기 기술과 시리우스2엔진을 묶어서 기술 지원하려고 하는데, 어떻습니까?"

미쓰비시의 시리우스2엔진을 가져다 쓰면 우리가 애써 설계를 마친 감마엔진은 무용지물이 될 상황이었다.

"시리우스2엔진보다 감마엔진이 성능이 좋습니다. 변속기 때문에 감마엔진을 포기할 수는 없습니다."

나는 강경하게 맞섰지만 미쓰비시는 다각도로 경영진들을 설득해 왔다.

"현대가 이미 시리우스엔진을 쓰고 있으니 시리우스2엔진을 쓰면 공장을 새로 지을 필요가 없지 않습니까? 공장 투자비도 아낄 수 있으니 현대자동차에도 유리한 선택입니다."

미쓰비시의 주장은 일리가 있었다. 엔진을 개발할 때는 성능도 중요하지만 생산 비용을 줄이는 것도 고려해야 할 사항이었다. 게다가 변속기 기술을 가져다 쓰려면 미쓰비시의 제안을 어느 정도 수용할 필요가 있었다.

당시 현대자동차는 엔진 기술은 상당 수준에 올라 있었지만 변속기 기술은 아직 미약했다. 물론 알파엔진에 들어가는 수동변속기 정도는 우리도 설계할 수 있었지만 자동변속기는 달랐다. 자동변속기 설계 기술을 완벽하게 갖고 있지 않은 상황에서 미쓰비시의 제안을 거절하기는 현실적으로 어려웠다. 나는 끝까지 반대했지만 결국 경영진은 미쓰비시의 손을 들어줬다.

우리 엔지니어들이 공들여 설계한 감마엔진은 빛을 보지 못한 채 사장되고 말았다. 심혈을 기울여 설계한 엔진을 포기해야 한다는 건 엔지니어에게 상당한 좌절감을 안겨주는 일이다. 개발이 중단된 채 연구실 한 켠에 고이 잠들어 있는 감마엔진을 볼 때마다 나는 속이 쓰렸다. 시리우스2엔진이 감마엔진보다 나을 게 없었기에 엔지니어로서 더욱 속이 상했다.

그때 이후로 나는 엔진 기술이든 변속기 기술이든 세계 수준으로 끌어올리지 않으면 안 되겠다는 의지를 더욱 다지게 됐다. 기술적으로 경쟁 회사를 압도하지 못하면 앞으로도 같은 일이 반복되지 않는다고 장담할 수 없었다. 나는 곧 모든 면에서 미쓰비시를 압도하는 신형 엔진을 구상하기 시작했다. 변속기 기술도 대폭 보강했다. 다시는 감마엔진 같은 비운의 사례를 만들고 싶지 않았다.

드디어 우리도 로열티를!

감마엔진은 안타깝게 빛을 보지 못했지만 미쓰비시의 방해가 우리의 엔진 개발에 대한 열정을 막지는 못했다. 우리는 감마엔진의 성능을 대폭 개선해서 시리우스엔진을 압도하는 엔진을 만들겠다는 야심찬 계획을 진행했다.

현대자동차는 1984년에 마북리연구소를 설립하고 약 7년 만에 첫 독자 엔진인 알파엔진을 개발했다. 두 번째 엔진인 베타엔진을 개발하는 데는 4년의 기간이 소요됐다. 베타엔진 개발 이후로는 거의 1년에 한 대 꼴로 새로운 엔진을 출시해 왔는데, 세타엔진을 개발하는 데까지는 약간의 공백이 있었다. 그만큼 세타엔진의 성능을 끌어올리기 위해 심혈을 기울였다. 세타엔진은 현대자동차가 개발한 여섯 번째 가솔린 엔진으로, 알파엔진 개발에 성공한 지 13년 만에 선보인 야심작이었다.

알파엔진이 우리 힘으로 만든 최초의 엔진이라면 세타엔진은 늘 선진 기술을 따라잡기 바빴던 우리가 세계시장에서 기술력을 인정받았다는 데 의미가 있다. 엔진 기술을 다른 회사에서 사다 쓰던 현대자동차가 처음으로 다른 회사에 설계 기술을 넘겨준 엔진이 바로 세타엔진이기 때문이다.

세타엔진이 세계적인 자동차회사에 기술 이전된 것은 무엇보다 세타엔진의 설계 자체가 매우 우수했기 때문이다. 하지만 거기에는 현대자동차 내부에서도 잘 알려지지 않은 비하인드 스토리가 있었다.

1997년 외환 위기가 터지고 정부가 외국자본을 적극적으로 끌어들일 당시, 벤츠가 현대자동차의 지분을 10퍼센트 정도 인수한 적이 있었다. 벤츠는 당시 공격적인 경영을 펼치고 있었고, 이미 크라이슬러와 미쓰비시를 인수한 상태였다. 현대자동차 역시 호시탐탐 노리고 있었다. 벤츠는 협력 관계를 맺는 차원에서 현대와 벤츠의 고위 중역을 서로 교환하자고 했다. 우연찮게 그 대상으로 내가 지목되는 바람에 벤츠 직원들과 우호적인 관계를 유지하고 있던 참이었다. 벤츠에서 나에게 한 가지 제안을 했다.

"벤츠에서 이번에 스마트라는 4인승 소형차를 만들고 있는데, 아시다시피 벤츠에서는 소형 엔진을 만들어본 적이 거의 없습니다. 현대에서 스마트에 들어갈 소형 엔진을 설계해 줬으면 하는데, 어떠십니까?"

괜찮은 제안이었다.

"알파엔진부터 시작해서 우리는 소형 엔진을 수도 없이 설계했으니 어려울 게 없습니다. 한번 시간을 내보지요."

나는 긍정적으로 검토하겠다고 답변했으나 다른 프로젝트에 밀려 스마트 엔진 설계를 진행하지 못하고 있었다. 벤츠 측에서 이번에는 이렇게 제안했다.

"저번에 말씀드린 엔진 말입니다. 설계만이 아니라 엔진을 납품하는 일까지 현대에서 맡아줬으면 하는데, 어떻습니까?"

이번에는 나도 솔깃했다. 단순히 엔진 설계도만 넘기는 것이 아니라 우리가 직접 엔진을 제작해서 납품할 수 있다면 충분히 수익을 기대할 수 있었다. 나는 흔쾌히 동의하고 본격적으로 스마트 엔진 개발에 매달렸다.

그러던 어느 날, 상관인 본부장이 나를 찾아왔다.

"벤츠에서 의뢰한 소형 엔진 있지? 그거 재료비 항목 좀 볼 수 있을까?"

갑자기 엔진의 재료비 항목을 보겠다고 하는 본부장의 말이 미덥지 않았지만, 상사의 명령을 거절하기는 어려웠다. 하지만 본부장이 미쓰비시와 친하다는 사실이 마음에 걸렸다. 나는 본부장에게 단단히 다짐을 받아뒀다.

"본부장님이 보시겠다고 하니 보여드리긴 하겠습니다. 하지만 이 내용은 미쓰비시나 벤츠에는 절대 비밀입니다. 혼자만 알고 계십시오."

"알았네."

본부장은 그렇게 말하고는 재료비 견적서를 가지고 갔다.

얼마 후 스마트 엔진 설계를 마무리 짓고 벤츠에 견적서를 보낸 후 답변을 기다리고 있는데, 황당한 소문이 들려왔다. 미쓰비시에서 벤츠의 소형 엔진을 개발한다는 것이었다. 나는 그 길로 벤츠의 중역들을 찾아갔다.

"미쓰비시에서 벤츠의 소형 엔진을 개발한다는데, 그게 사실입니까?"

그러자 그들은 사색이 되어 우물쭈물하는 것이었다. 나는 그제야 사태를 파악했다.

"아니 어떻게 이럴 수 있습니까? 앞에서는 우리더러 파트너라고 하더니 뒤로는 미쓰비시와 우리를 경쟁을 시킨 것입니까? 이게 파트너로서 할 일입니까?"

벤츠는 스마트에 들어가는 엔진을 현대자동차뿐만 아니라 미쓰비시에도 똑같이 의뢰한 상태였다. 말하자면 현대자동차와 미쓰비시 중에서 더 좋은 조건을 제시하는 쪽에 엔진 생산을 맡기려고 한 것이다. 우리를 파트너가 아니라 납품 업체로 본 것이나 다름없었다. 나는 불같이 화를 냈다.

"당신들은 파트너로서 자격이 없습니다. 가지고 있는 지분을 당장 팔고 나가십시오. 그 지분, 우리가 도로 사겠습니다."

"정말 미안하게 됐습니다. 그런 의도는 아니었고……."

"아니긴 뭐가 아닙니까? 당신들과 더 이상 말 섞고 싶지 않으니 앞으로는 찾아오지 마십시오."

나는 그렇게 말하고는 뒤도 돌아보지 않고 나와버렸다.

사무실에 돌아와서도 좀처럼 분이 가시지 않았다. 벤츠가 우리를 납품 업체 취급한 것도 괘씸했지만 더 화가 나는 것은 스마트 엔진 견적서가 미쓰비시에 흘러 들어갔다는 사실이었다. 그렇게 다짐을 받아뒀건만 본부장은 내가 준 우리 견적서를 미쓰비시에 넘겨줬던 것이다. 미쓰비시는 우리 견적서를 속속들이 들여다보고 우리보다 조금 더 저렴한 가격으로 벤츠에 견적서를 제시했다. 그러니 스마트 엔진 개발이 미쓰비시로 넘어갈 수밖에 없었을 것이다. 생각할수록 속이 부글부글 끓었다.

그렇게 한바탕 난리를 치르고 나서 나는 곧바로 다음 프로젝트에 몰두했다. 그것이 바로 세타엔진이었다. 세타엔진은 국산 엔진의 새로운 전환점이 될 만한 야심작이었다. 이미 알파엔진과 베타엔진 개발에 성공했지만 나는 감마엔진으로 겪은 좌절감을 잊지 않고 있었다. 다시는 미쓰비시에 밀려 우리 기술을 사장시키고 싶지 않았다. 그러려면 모든 면에서 미쓰비시를 압도할 만한 엔진을 만들어야 했다. 성능은 좋은데 연비가 나쁘다거나 성능과 연비는 좋은데 투자비가 많이 든다면 또 미쓰비시에 빌미를 제공할 수 있었다. 어느 한 분야만 뛰어난 것으로는 부족했다. 나는 모든 면에서 압도적인 엔진을 원했다. 그래서 엔지니어들에게 이렇게 요구했다.

"세타엔진은 모든 면에서 뛰어난 엔진이 될 겁니다. 성능은 당연히 우수해야 하고, 제작비도 적게 들게 설계하십시오. 공장 투자비도 줄여야 하니 울산 엔진 공장의 가공 기계를 활용할 수 있도록 고려해야 합니다."

한마디로 기술은 최고 수준으로 하되, 개발비는 최소한으로 하겠다는 목표를 잡은 것이다. 내 말에 엔지니어들은 바짝 긴장했다. 어느 때보다 어려운 미션이었다. 하지만 그들도 그 정도는 돼야 모든 면에서 미쓰비시를 압도할 수 있다는 내 생각을 모르지 않았다. 우리는 이 절체절명의 목표에 의기투합했고, 오로지 세타엔진 개발에만 매달렸다.

세타엔진 설계가 거의 마무리될 무렵, 벤츠의 엔진 개발 총 책임자가 갑자기 나를 찾아왔다. 대학원 박사 과정에 있을 때 우연히 국제학회에서 만난 후로 오랜 친분을 유지하고 있는 친구였다. 천생 엔지니어인 우리 두 사람은 엔진 개발 과정에서 궁금한 점이 있으면 스스럼없이 전화를 걸어 의견을 묻곤 하는 막역한 사이였다. 그런 그가 물었다.

"요즘 현대자동차에서 성능 좋은 엔진을 개발하고 있다던데, 그것 좀 볼 수 있을까?"

"그건 봐서 뭐하게?"

"실은 우리 회사에서 현대자동차와 협력할 건을 찾고 있는데, 지금 개발하고 있는 엔진이 쓸 만한지 한번 보려고 그래. 지난번에 스마트 엔진 건으로 너를 곤란하게 만든 것도 있고 해서 우리 경영진이 고민이 많은 모양이야."

"그래? 그런 의도라면 못 보여줄 것도 없지. 너는 내 친구니까 믿고 보여줄게."

나는 흔쾌히 세타엔진의 설계도면을 그에게 보여줬다. 그 또한 엔진 설계 분야에서 둘째가라면 서러워할 만한 전문가였다. 그는 설계도와 엔진의 사양을 꼼꼼히 살펴보더니 만족스러운 표정으로 말했다.

"엔진 설계 진짜 잘했다. 벤츠가 설계해도 이보다 잘할 수는 없을 것 같아."

그는 회사로 돌아간 다음 나에게 편지 한 통을 보내왔다. 벤츠에 중형 엔진이 필요한데, 세타엔진을 같이 쓰고 싶다는 것이었다. 당시는 크라이슬러와 미쓰비시가 모두 벤츠의 자회사로 있을 때였다. 그래서 자연스럽게 크라이슬러와 미쓰비시가 생산하는 차에 세타엔진을 장착하는 기술 이전 계약을 맺게 됐다. 세타엔진으로 자동차 종주국인 미국과 세계 자동차 업계를 리드하는 일본에 기술을 수출하는 역사적인 순간이었다. 그동안 선진 기술을 따라잡느라 바빴던 우리가 드디어 기술을 선점하는 단계에 이른 것이다. 우리는 이로써 5700만 달러의 로열티를 받게 됐다.

하지만 나는 여기에 만족하지 않았다. 계약서를 작성할 때 까다로운 조건을 걸었다. 엔진 설계를 변경할 때는 반드시 나의 승인을 받아야 한다는 조건이었다. 이 항목을 넣은 데는 이유가 있었다. 세 회사기 공동으로 엔진을 생산하디면 그에 해당하는 부품도 대량생산이 가능하다. 만약 현대에서 60만 대 생산하던 엔진을 전 세계에서 180만 대를 동시에 생산한다면 그에 해당하는 부품 원가를 약 10퍼센트가량 절감할 수 있었다. 세타엔진의 설계를 함부로 변경할 수 없도록 못 박음으로써 로열티뿐만 아니라 부품 생산의 원가를 절감해 추가 이익까지 기대할 수 있게 된 것이다.

물론 세타엔진의 세계 진출에 스마트 엔진 설계 과정에서 신뢰를 잃은 벤츠의 노력이 어느 정도 작용한 것은 사실이다. 하지만 가장 큰 이유는 뭐니 뭐니 해도 세타엔진의 성능이 세계 어디에 내놔도 손색이 없을 만큼 우수했기 때문이었다. 세타엔진의 설계도면이 우수하지 않았다면 벤츠의 의지가 있었다 해도 기술 이전 계약은 성사되지 못했을 것이다.

Welcome! Father of the World engine, Dr. Lee

세타엔진은 애초부터 감마엔진의 사양을 대폭 개선해 가볍고 작은 엔진을 만들겠다는 목표로 개발에 들어갔다. 그러다보니 새로운 시도를 많이 했었는데, 우선 그동안 주철로 제작하던 엔진의 몸체를 알루미늄으로 만들어 무게를 대폭 줄였다. 전자 제어식 최첨단 시스템을 채용해 연비와 출력도 획기적으로 줄였다. 우리는 그에 만족하지 않고 성능은 높이면서도 엔진 소음을 확실히 줄이는 데 공을 들였다. 한마디로 세타엔진은 높은 연비와 정숙성, 그리고 내구성이 뛰어난 엔진이었다.

세타엔진 개발에는 연구원 140여 명이 총 4년 가까이 매달렸다. 시험 제작한 엔진만 4백 여 대에 이르고 엔진 과열로 실험실이 불타는 화재도 두 번이나 겪었다. 알파엔진을 개발할 때도 그랬지만 세타엔진을 개발할 때도 엔지니어들은 실험실에 상주하면서 엔진 개발에 온 열정을 쏟아부었다.

당시 현대자동차를 이끌고 있던 정몽구 회장도 세타엔진에 관심이 지대했다. 세타엔진이 쏘나타에 탑재될 엔진이었기 때문이다. 당시 쏘나타는 현대의 자존심이라고 해도 과언이 아닌 차였다. 미국에서 가장 주력해서 판매되는 차종이기도 했다. 당연히 어느 차보다 품질 관리에 신경을 많이 쓸 수밖에 없었다.

정몽구 회장은 바쁜 일정에도 불구하고 한 달에 한 번씩은 꼭 연구소에 들러 개발실 엔지니어들을 격려했다. 그는 개발실 엔지니어들에게 이렇게 얘기하기를 좋아했다.

"자동차의 품질은 개발 단계에서 잡아야 합니다. 초기 단계에서 품질을 잡으면 비용이 1이 들어가지만 한창 양산하는 중에 고치면 10으로 늘어납니다. 그런데 이미 판매된 차를 리콜하거나 애프터서비스를 하게 되면 그 비용이 100으로 늘어납니다. 그러니 반드시 개발 단계에서부터 모든 문제를 걸러내도록 하십시오."

개발 단계에서부터 완벽을 기하려다 보니 세타엔진 개발팀은 다른 팀보다 몇 배 더 고생해야 했다. 그런데도 경영진은 대충 넘어가는 법이 없었다. 개발팀이 어느 정도 됐다 싶어 엔진을 내보내면 품질본부에서 다시 돌려보내기 일쑤였다. 심지어 쏘나타의 신차 발표 시기가 임박해 오는데도 최종 판단을 내리지 않고 있었다. 자칫 잘못하면 언론과 약속한 발표 시기를 늦춰야 할 상황이었다.

개발팀은 날짜를 맞추기 위해 휴일도 반납한 채 엔진의 문제점을 개선해 나갔다. 영하 10도 이하에서 시동을 걸면 약 5초 동안 아주 미세한 소음이 났는데, 품질본부에서 이것을 지적한 것이다. 우리는 이를 피스톤 형상으로 개선해서 세타엔진을 다시 품질본부에 보내놓고 결과를 기다렸다. 엔지니어들은 하나같이 녹초가 돼 있었다. 초조한 마음으로 결과를 기다렸지만 품질본부의 통보는 예상보다 늦어졌다. 이번에는 통과될 것이라는 기대와 어쩌면 이번에도 다시 돌아올지 모른다는 불안감이 교차했다. 만약 이번에도 불합격 판정을 받는다면 어쩔 수 없이 쏘나타의 발표 날짜를 늦춰야 했다.

연구소에 긴장감이 감도는 가운데, 드디어 품질본부의 회신이 전해졌다. 결과는 합격! 세타엔진의 성능과 품질이면 세계 어느 시장에 내놓아도 좋은 평가를 받을 수 있을 것이라는 최종 결과가 나왔다. 엔지니어들은 그제야 한숨을 돌리고 마음껏 기뻐할 수 있었다.

이렇게 심혈을 기울여 개발한 세타엔진은 NF쏘나타에 탑재됐다. 그리고 기대 이상의 호평을 받았다. 미국에서도 세타엔진은 기술적으로 대단히 완성도 높은 엔진이라는 평가를 받았다.

2005년 9월 미쓰비시는 교토의 엔진 공장에 40만 대 규모의 세타엔진 전용 공장을 완공했다. 본격적으로 세타엔진 생산에 들어간 것이다. 미쓰비시는 배기량 1800~2400cc의 차에 세타엔진을 장착할 계획이었다.

같은 해 10월 크라이슬러도 미국 미시간 주 던디에 연간 42만 대 생산 규모의 엔진 공장을 완공했다. 그리고 같은 해 11월에는 던디 공장 옆에 제2공장을 건설해 총 84만 대의 세타엔진을 생산할 계획도 세웠다.

크라이슬러가 1조 원을 들여 엔진 생산 공장을 지었을 때 나는 그들의 초청을 받아 미국에 간 적이 있었다. 내가 차에서 내리자 공장 직원들이 전부 나와서 나를 환영했다. 공장 위에 매달아 놓은 플랜카드에는 이렇게 적혀 있었다.

'Welcome! Father of the World engine. Dr. Lee'

크라이슬러와 미쓰비시가 쓰는 세타엔진의 이름이 바로 월드엔진이었다. 세타엔진은 말 그대로 세계적인 엔진이 된 것이다. 미국의 유명한 자동차 전문지 〈모터 트렌드〉는 세타엔진에 대해 이렇게 언급했다.

'다임러 크라이슬러, 미쓰비시와 현대자동차는 1800cc, 2000cc, 2400cc급 세타엔진을 매년 150만 대에서 200만 대 가량 생산한다. 이 수치는 오토모티브 인텔리전스 뉴스에 따르면 차량용 엔진으로 세계 최고의 수치를 의미한다.'

세타엔진은 현대와 크라이슬러, 미쓰비시가 공동으로 생산하게 되면서 단일 엔진으로는 한 해에 가장 많이 생산하는 엔진이 됐다. 1997년 한 해에만 184만 대를 생산했는데, 이 기록은 아직도 깨지지 않고 있다.

그동안 미쓰비시와 현대자동차는 서로 필요에 따라 기술 제휴를 하고 공동 개발을 해온 파트너였다. 하지만 주로 미쓰비시에서 현대자동차에 기술을 전수해주는 관계였다. 하지만 세타엔진 개발로 상황은 완전히 뒤바뀌었다. 기술적으로 완전히 독립한 현대자동차가 이제 미쓰비시에게 엔진 기술을 전수해주게 된 것이다. 감마엔진의 좌절을 겪은 후에 우리는 그 경험을 성장의 동력으로 삼았다. 실패에 연연하지 않고 끊임없이 도전한 덕분에 결국 후발주자에서 기술을 리드하는 선두주자로 도약하게 됐다.

크라이슬러와 미쓰비시 엔지니어들은 현대자동차의 엔진 연구소에 와서 세타엔진의 기술 교육을 3개월씩 받고 돌아갔다. 세타엔진 생산 공장을 지을 때는 우리 엔지니어들이 세 명 씩 파견 나가 감독을 하고, 4년씩 기술 지도를 해줬다. 10년 전 구보 회장이 마북리 연구소를 견학한 다음, 미쓰비시 엔지니어들에게 경고한 일이 비로소 현실이 된 셈이다. 그리고 10년을 훌쩍 넘은 지금도 크라이슬러와 미쓰비시는 여전히 세타엔진을 쓰고 있다. 지프, 피티크루저 등 크라이슬러가 생산하는 60퍼센트의 자동차와 미쓰비시의 자동차 70퍼센트는 여전히 세타엔진이 장착되어 세계를 누비고 있다. 세타엔진은 현대가 자동차 후발 주자에서 선두 주자로 올라섰다는 것, 그리고 현대의 기술력이 세계 수준에 도달했다는 것을 보여주는 쾌거였다.

현대자동차는 거기서 만족하지 않고 더욱 엔진 개발에 박차를 가했다. 알파엔진, 베타엔진을 지나 세타엔진을 개발한 후 2008년에는 타우엔진을 출시함으로써 알파엔진 출시 후 17년 만에 엔진의 풀 라인업을 구축하게 됐다. 엔진 개발 노하우가 일정 수준 이상으로 향상된 것이다.

현대자동차의 엔진 기술 수준은 이제 세계 어떤 자동차회사와 견주어도 밀리지 않는다. 특히 2008년에 출시된 타우엔진은 자동차 엔진 분야의 아카데미상이라고 불리는 '워즈오토 세계 10대 엔진상'을 3년 연속 수상하면서 그 기술력을 인정받았다. 워즈오토는 1994년부터 시작된 엔진 부분 최고 권위의 상으로 매년 북미 지역에서 가장 많이 팔린 차종의 엔진을 심사해 가장 우수한 엔진에 수여한다. 현대자동차가 20여 년 전만 해도 엔진 기술을 사오던 회사였다는 사실을 생각하면 그야말로 눈부신 성장을 이룬 셈이다. 또한 타우엔진이 탑재된 제네시스자동차는 우리나라에서 최초로 '2009년 북미 올해의 차'에 선정되는 영광을 안았다.

왜 전기자동차를 못 만드냐고요?

나는 손에 기름때를 묻혀가며 엔지니어들과 실험실에서 사는 것을 좋아하는 천생 엔지니어이다. 하지만 시간이 흐르면서 점차 중요한 결정을 내려야 하는 자리에 앉게 됐다. 나중에는 신차 개발을 책임지는 연구개발 총괄본부를 이끌게 됐다.

연구개발을 총괄하게 되면서 나는 엔진뿐 아니라 차세대 자동차 시장에 눈을 돌렸다. 시장을 미리 읽어 좀 더 경쟁력 있는 자동차를 개발하기 위해서였다. 그즈음 전 세계 자동차 업계는 하이브리드자동차에 관심을 갖고 있었다. 하이브리드자동차는 한마디로 친환경 미래형 자동차를 말한다. 기존의 자동차보다 석유 사용을 줄이거나 전기나 수소 같은 새로운 에너지를 이용해 배기가스 양을 획기적으로 줄인 자동차이다.

지금도 세계 각국의 자동차회사들은 더 나은 성능의 하이브리드

자동차를 개발하기 위해 치열한 경쟁을 벌이고 있다. 나 역시 앞으로 자동차산업이 가야 할 방향이 하이브리드에 있다고 내다봤다. 아마 2020년쯤이면 전 세계 자동차의 15퍼센트 정도가 하이브리드자동차가 차지하지 않을까 생각한다.

하지만 우리나라 사정상 전기자동차는 아직 상용화되기 어렵다고 생각했다. 이유는 여러 가지가 있는데 우선 전기자동차 배터리의 제작 단가가 높기 때문이다. 아무리 친환경 자동차라고 해도 가격 경쟁력이 없으면 상용화되기 어렵다. 또 전기자동차 배터리의 충전 시간이 길고 충전소를 전국에 설치해야 한다는 점도 문제였다. 게다가 전기자동차에 필요한 전력을 공급하려면 원자력 발전소를 여덟 개나 더 지어야 했다. 여러 모로 아직까지는 현실적이지 못했다.

오히려 우리나라에는 수소를 사용하는 전지자동차가 전망이 밝았다. 우리나라처럼 제철소나 정유 시설이 많은 나라에서는 거기서 나오는 수소 가스의 20퍼센트만 가지고도 500만 대의 자동차를 움직일 수 있다. 게다가 수소는 석유보다 훨씬 저렴하기 때문에 충분히 경제성이 있다. 하지만 기술에 대한 이해가 부족한 언론이나 방송에서는 그런 대안에는 관심조차 없었다. 그저 현대자동차에서는 왜 전기자동차를 만들지 않느냐고 물을 뿐이었다. 한번은 청와대 미래기획관이 직원들과 함께 나를 찾아온 적이 있었다. 그는 선진국의 자동차회사들은 미래를 내다보고 전기자동차를 개발하는데 왜 현대자동차는 그러지 않느냐고 물었다.

나는 이렇게 대답했다.

"전기자동차를 만드는 것은 기술적으로 그리 어려운 일이 아닙니다. 실제로 전기자동차는 1890년대에도 만들어졌지요. 모터와 배터리만 있으면 되는데 못 만들 이유가 없습니다. 오히려 엔진을 부착한 차보다 훨씬 만들기가 쉽지요. 현대가 전기자동차를 만들지 않는 것은 기술이 없어서가 아니라 전기자동차가 현실성이 없기 때문입니다."

하지만 그들은 내 말을 이해하지 못하는 것 같았다.

"전기자동차가 왜 현실성이 없다는 말입니까?"

"전기자동차는 생산 단가가 비쌉니다. 아무리 친환경 자동차라고 해도 가격이 비싸면 아무도 사지 않을 것입니다. 그리고 전기자동차가 다니려면 전국 방방곡곡에 충전소가 있어야 하는데, 정부에서 그렇게 많은 충전소를 세울 의향이 있습니까?"

나는 그렇게 반문했다. 하지만 그들은 내 말을 곧이곧대로 들으려 하지 않았다. 마치 우리가 전기자동차를 만들지도 못하면서 그럴 듯한 변명을 늘어놓는다고 생각하는 듯했다. 그래서 우리는 1년 만에 전기자동차를 개발해 청와대에서 발표했다. 우리가 전기자동차를 못 만드는 것이 아니라는 사실을 직접 보여준 것이다. 우리가 만든 전기자동차는 대통령이 직접 시승해 보기까지 했다. 대통령은 매우 만족스러워하면서 이렇게 물었다.

"이런 차를 몇 대나 더 만들 수 있습니까?"

"원하신다면 얼마든지 만들 수 있습니다."

그러자 정부에서 전기자동차 230대를 만들어 달라고 주문했다. 나는 넌지시 물었다.

"만드는 건 좋은데 도대체 어디다 쓰려고 그러십니까?"

전기자동차가 아무리 많아도 충전소가 없으면 무용지물이나 마찬가지였기 때문이다. 그들은 정부기관과 지방자치단체에 제공해 공용차량으로 쓰겠다고 했다. 주문이 들어왔으니 우리는 곧바로 제작에 들어갔다. 그런데 주문한 대수만큼 차를 모두 만들었는데도 정부에서는 차일피일 미루며 자동차를 가져가지 않는 것이었다.

"주문하신 차를 왜 가져가지 않는 겁니까?"

그러자 그들은 이렇게 대답했다.

"아직 충전소가 구축되지 않아서 당장 운영하기는 어려울 것 같습니다. 조금만 기다려주십시오."

그렇게 해서 230대의 전기자동차는 1년이 넘도록 우리 연구소 시험장에 고스란히 세워둬야 했다. 엔지니어가 얘기할 때는 들으려고 하지 않다가 직접 만들어보고 나서야 전기자동차가 실현 가능성이 어렵다는 사실을 깨달은 것이다.

기술 기반 사회에서는 기술에 대한 정확한 이해 없이는 올바른 정책을 수립하기 어렵다. 따라서 국가를 이끄는 리더라면 정책을 수립하기 전에 기술에 대한 이해가 선행돼야 할 것이다.

원천기술이 없이는

현대자동차는 1999년에 하이브리드자동차를 개발하기 시작했다. 일본 도요타는 우리보다 먼저 하이브리드 개발을 시작한 상태였다. 우리도 서둘러야 했다.

재미있는 것은 하이브리드를 개발할 때도 알파엔진을 개발하기 시작할 때와 비슷한 반대가 있었다는 사실이다. 우리의 독자 기술로 하이브리드를 개발하겠다고 했더니 직속상관이 이렇게 말했다.

"아무래도 우리 기술로는 하이브리드를 개발하기 어려울 것 같은데……. 그러지 말고 도요타와 기술 제휴를 하는 게 어떻겠나."

나는 또다시 벽에 부딪친 기분이었다. 자동차산업과 같은 제조업에서는 핵심 분야의 원천기술을 선점하는 것이 무엇보다 중요하다. 핵심 기술에 대한 특허 전쟁이 빈번하게 일어나는 것도 그 때문이다. 실세로 도요타는 하이브리드 개발을 먼저 시작한 회사답게 관련 특허를 상당히 많이 가지고 있었다. 거미줄처럼 촘촘히 얽힌 도요타의 특허를 피해 우리만의 기술로 하이브리드를 개발하는 것은 쉬운 일이 아니었다. 그래서 어렵게 독자 기술을 개발하느니 도요타의 기술을 사오는 게 낫다고 생각하는 이들이 더러 있었다. 모험을 하고 싶지 않은 것이었다. 나도 그 사실을 모르지 않았다. 하지만 나는 단호하게 말했다.

"도요타가 우리보다 먼저 하이브리드 개발을 시작한 건 사실입니다. 하지만 그렇다고 해서 우리가 하이브리드를 개발하지 못할 이유가 없습니다. 왜 우리가 도요타 기술을 사와야 합니까?"

나는 우리 힘으로 하이브리드를 개발할 수 있다고 자신했고, 그대로 밀고나갔다. 엔지니어로서의 자존심이 걸린 문제이기도 했다.

하지만 막상 개발을 시작하자 어려운 점이 한두 가지가 아니었다. 결정적으로 국내에는 하이브리드 관련 부품을 제작할 수 있는 업체가 없었다. 기술도 부족했지만 개발 규모가 크지 않아 같이 하겠다고 나서는 업체가 없었다. 알파엔진을 개발할 때와 똑같은 상황이 벌어진 것이다. 하는 수 없이 일본 부품회사들을 물색했다. 다행히 도요타와 거래하고 있던 몇몇 업체들과 공동 개발을 진행할 수 있었다. 이제 모든 기술을 총동원해 속도를 높이는 일만 남았다. 그러던 중 일이 터지고 말았다.

'회사 사정으로 현대에 부품을 공급하지 못하게 됐으니 양해 바랍니다.'

배터리를 제작하던 산요, 모터를 제작하던 히다찌 등 일본의 부품 회사들이 줄줄이 계약 해지를 통보해온 것이다. 이대로 계약이 해지되면 몇 년 동안 개발해왔던 것이 모두 수포로 돌아갈 상황이었다.

부랴부랴 일본의 부품업체들을 접촉했다. 최악의 상황만은 막아야 했다. 하지만 우리가 할 수 있는 일은 아무것도 없었다. 거기에는 도요타의 방해가 있었기 때문이다.

기술에서 앞서나가야 하는 자동차 업계에서 경쟁 회사를 견제하는 일은 비일비재하게 일어나는 일이다. 도요타는 하이브리드 개발에서 우리와 경쟁 관계에 있었다. 알고보니 도요타 회장이 부품업체 사장들을 전부 불러 모아 현대와 거래를 계속한다면 도요타와의 거래를 할 수 없다고 통보한 것이다. 일본의 부품업체로서는 도요타의 통보를 무시하기 어려웠을 것이다. 결국 우리는 도요타의 노골적인 방해로 4년 동안 진행해온 하이브리드 개발을 전면 수정해야 했다. 일본 업체를 너무 믿은 것이 화근이었다.

이미 4년이나 늦은 상황에서 부품을 새로 제작할 국내업체를 찾기란 쉽지 않은 일이었다. 급한 대로 산요 대신 배터리를 제작해줄 회사를 수소문했다. 마침 LG가 휴대전화 배터리를 제작하고 있었기에 나는 LG화학 사장을 만났다.

"앞으로 자동차의 배터리가 중요해지는 시대가 올 겁니다. 그러니 LG에서 하이브리드에 들어가는 배터리를 제작해 줬으면 합니다."

하지만 LG화학 사장은 수익이 나지 않는 일이라며 거절했다. 결국 정몽구 회장까지 나서서 LG의 구본무 회장을 설득한 후에야 LG화학에서 배터리를 생산할 수 있었다. 모터는 제작해줄 업체를 도저히 찾을 수 없었다. 아쉬운 대로 자회사인 현대모비스에 제작을 맡기고 우리가 직접 설계했다.

하지만 현실적으로 도요타를 따라잡기는 불가능했다. 결국 현대자동차는 도요타보다 6년 늦게 하이브리드를 개발했다. 도요타의 방해로 고전을 면치 못한 것에 비하면 그나마 선전한 셈이었다. 하지만 언론이나 대중은 그런 속사정을 알지 못했다. 원천기술을 선점하기 위해 자동차 업계에서 얼마나 치열한 생존 싸움이 벌어지는지 상상도 못 할 것이다. 그들은 그저 현대가 미래를 내다보는 눈이 없어 하이브리드 개발이 늦었다고만 비판할 뿐이었다.

물론 결과적으로 전략을 잘못 세운 책임은 나에게 있다. 그 책임을 회피할 생각은 전혀 없다. 그리고 더 본질적인 문제는 우리가 핵심 기술을 갖고 있지 못한 데 있었다. 핵심 부품의 원천기술을 우리가 갖고 있었다면 경쟁사가 아무리 방해를 해도 전혀 위협이 되지 못했을 것이다. 그때부터 우리는 모든 주요 부품을 국산화하는 데 총력을 기울였다. 치열한 자동차 업계에서 다른 나라 업체와 공동 개발하는 것이 얼마나 위험한 일인지 절실히 깨달은 것이다.

이렇듯 자동차산업에서 원천기술을 갖고 있느냐 그렇지 않느냐는 생존이 걸린 문제다. 원천기술을 갖고 있지 않은 회사는 경쟁에서 살아남기가 어렵다. 보쉬 때문에 엑셀을 수출하지 못할 뻔한 일과

도요타의 방해로 하이브리드 개발이 늦어진 일을 겪으면서 나는 원천기술의 중요성을 뼈저리게 느꼈다. 무슨 일이 있어도 핵심 분야에서만큼은 우리가 원천기술을 확보해야 한다는 소중한 교훈을 또 한 번 얻을 수 있었다.

5

나만의 기술이
세상을
움직인다

나는 엔지니어들에게

회사에 나와 있는 시간의 51퍼센트는

자기 자신을 위해 공부하고,

나머지 49퍼센트만 회사를 위해 쓰라고

조언한다.

직원 개개인이 각자 열심히 공부해서

실력을 쌓으면 회사의 실력은

자연스럽게 따라오기 마련이다.

이젠 기술력으로 승부하라

내가 연구소를 총괄하고 있을 때 연구소의 한 해 예산은 자그마치 2조 5000억 원이 넘었다. 매일 백억 원 가량의 예산이 집행되는 셈이었다. 그런 예산을 어디에 쓰면 좋을지 결정하는 것이 내게 주어진 일이었다. 만약 잘못된 판단으로 예산을 허투루 쓰게 된다면 회사 전체에 큰 손해를 불러올 수도 있었다. 그만큼 책임과 권한이 막중한 자리였다. 나는 실수를 하지 않기 위해 예산을 집행할 때마다 피 말리는 고민을 거듭해야 했다.

국내 굴지의 자동차 회사들이 부도났을 때 나는 실사단장으로 각 기업을 실사한 적이 있었다. 현대자동차가 인수한다면 그 기업들을 회생시킬 수 있는지 판단하기 위해서였다.

사실 그동안 나는 한 가지 의문을 품고 있었다. 내가 현대에 입사할 때만 해도 그들은 현대보다 훨씬 크고 재정이 탄탄한 회사들이었다.

그런데 규모가 가장 작았던 회사가 세계적인 회사로 성장하는 동안 그들은 왜 줄줄이 무너질 수밖에 없었을까.

나는 부도난 기업의 내부를 속속들이 실사하면서 그 이유를 어렴풋이 짐작할 수 있었다. 이유는 단순했다. 기술을 모르는 경영자가 기업 경영의 전권을 쥐고 흔들었기 때문이었다.

내가 독자 엔진을 개발할 때부터 정주영 회장은 엔진 개발에 대한 모든 결정권을 나에게 넘겨줬다. 경영자로서 독자 엔진 개발이라는 방향성은 제시했지만 그 외의 실무는 전부 엔지니어인 나에게 일임했다. 상황이 그렇다보니 나는 엔진 설계 같은 실무에서부터 예산 집행까지 엔진 개발에 관련된 모든 일들을 스스로 판단해야 했다. 그러면서도 내가 큰 실수 없이 연구소를 이끌 수 있었던 것은 나 자신이 엔지니어 출신으로서 매사에 기술에 대한 이해를 바탕으로 결정을 내렸기 때문일 것이다.

하지만 다른 회사들은 그렇지 않았다. 그들은 중요한 판단을 모두 경영자가 직접 했다. 문제는 경영자가 기술을 제대로 이해하지 못한 상태에서 중요한 결정을 내렸다는 사실이다. 예를 들어 D사는 현대처럼 독자 기술을 개발하는 데 시간과 비용을 들이기보다는 다른 나라에서 기술을 사오는 게 이익이라고 판단했다. 독자 기술을 개발하려면 적어도 5, 6년은 전폭적으로 투자해야 하는데 그럴 필요성을 느끼지 못했던 것이다. 그래서 엔진은 호주에서 사오고 변속기는 독일에서 사오는 식으로 핵심 기술을 전부 외국에서 들여왔다. 처음에는 그런 대로 경쟁력이 있었지만 나중에는 점점 제조 원가가 높아졌다. 원가를 분석해보니 D사의 자동차 엔진과 변속기 원가가 현대자동차의 거의 두 배에 달했다. 그런데도 그들은 현대자동차보다 더 저렴하게 자동차를 팔았다. 도저히 수익을 낼 수 없는 구조였다.

S사도 마찬가지였다. S사는 엔진과 변속기를 벤츠에서 수입해오고 있었는데, 그 기술이라는 것이 벤츠가 20년 전에 쓰던 낡은 기술이었다. 하지만 그들은 그런 기술이라도 아주 비싸게 사올 수밖에 없었고 당연히 제조 단가도 높아질 수밖에 없었다. 그러다보니 결국 시장에서 경쟁력을 잃었던 것이다.

자동차 업계에서는 기술력이 없으면 살아남기가 어렵다. 그런데도 그 회사들의 최종 결정권자는 기술의 중요성을 이해하지 못했고, 기술 개발에 투자하는 것을 게을리했다.

우리 사회는 점점 기술 기반 사회로 변하고 있다. 특히 기업 환경은 기술에 대한 이해 없이는 시장의 흐름을 제대로 판단하기조차 어려워졌다. 특히 경영자가 기술을 제대로 이해하지 못하면 오판하기 쉽고, 결국 아무리 잘나가는 회사라도 도태될 수밖에 없다. 기술을 바탕으로 시장을 정확하게 읽고 필요한 기술을 남들보다 한 발 앞서 개발해야만 오래 살아남을 수 있다.

내 인생의 아름다운 날들

　나는 현대에서 28년을 일했고 그중 22년은 중역으로 일했다. 내 인생의 장년기를 온전히 현대에서 보냈다고 해도 과언이 아니다. 내가 현대에서 그렇게 오래 일했다고 하면 종종 사람들이 놀라곤 한다. 강하고 남성적인 현대의 기업 이미지와 내 이미지가 사뭇 다르기 때문이란다. 평소에 큰 소리 한번 내지 않는 나 같은 사람이 어떻게 그런 거친 조직에서 살아남을 수 있었는지 의아하다는 것이다.

　하지만 고백하건대, 나는 그렇게 호락호락한 상사는 아니었다. 현대자동차가 급성장하던 시절에 엔진 개발이라는 핵심 프로젝트를 맡아 진행한 덕분에 나는 승진이 매우 빨랐다. 아마 회사가 생긴 이래 가장 빠른 승진이었을 것이다. 그러다보니 언제나 부하 직원들이 나보다 대여섯 살 정도는 나이가 많았다. 그런데도 그들이 나를 무시하지 못했던 것은 내가 직책보다는 실력으로 승부하는 상사였기 때문이다.

처음 엔진 설계를 시작할 때부터 나의 경쟁 상대는 현대의 중역들이나 미쓰비시의 엔지니어가 아니었다. 나는 일찌감치 도요타와 벤츠의 엔진 기술 총수를 나의 경쟁 상대로 삼았다. 세계 최고의 실력자들과 경쟁해야 나도 그에 버금가는 실력을 키울 수 있다고 믿었다.

같은 맥락에서 나는 우리 엔지니어들도 아주 강하게 키웠다. 기술의 세계는 승자와 패자가 극명하게 갈리기 때문에 적당히 한다는 것은 있을 수 없다. 실력에서 어느 한 부분이라도 부족함이 있어서는 안 된다는 것이 내 생각이었다. 그러다보니 나는 세계적인 기술력을 갖춘 팀을 만들기 위해 우리 팀의 엔지니어들을 호되게 몰아붙였다. 다행히 엔지니어들도 나를 믿고 잘 따라와줬다. 팀워크도 대단했다. 어떤 프로젝트가 주어지든 마치 한 몸처럼 일사분란하게 움직이면서 목표를 완수해냈다. 내가 지시하면 밤을 새워서라도 연구했고, 나중에는 굳이 얘기하지 않아도 스스로 알아서 더 열심히 하는 모습을 보여줬다. 그만큼 고생도 많이 했지만 어느 순간 우리 팀은 엔진 설계만큼은 전 세계 어느 회사와 붙어도 밀리지 않는 자신감으로 똘똘 뭉쳐 있었다.

위기 상황에서도 마찬가지였다. 세타엔진의 기술을 벤츠에 이전할 때 일이었다. 크라이슬러에서 갑자기 세타엔진을 쓰기 곤란하다는 의사를 비친 것이다.

"우리 회사에 필요한 엔진은 2400cc 급인데, 세타엔진이 좀 작은 것 같습니다. 4개월 안에 이렇다 할 대안이 나오지 않으면 아무래도 세타엔진을 쓰기가 어려울 것 같습니다."

원래 세타엔진은 배기량 1800cc, 2000cc, 2200cc로 각각 설계했었다. 그런데 크라이슬러는 2400cc 엔진을 요구하면서 넌지시 거절 의사를 밝힌 것이다. 당시 크라이슬러 내부에서는 2400cc 급 엔진을 개발할 계획을 이미 가지고 있었다. 그래서 우리에게 세타엔진을 거절할 핑계를 댄 것이다.

나는 크라이슬러의 요구에 어떻게 대응해야 할지 고민했다. 2200cc을 2400cc로 늘린다는 것은 단순히 배기량만 늘리는 문제가 아니라 설계도면부터 모든 작업을 새로 시작해야 한다는 것을 의미했다. 크라이슬러가 노린 것도 바로 그 지점이었다. 현대가 아무리 엔진 기술이 뛰어나다 해도 4개월 만에 새 엔진을 개발하기는 어려울 거란 판단으로 그런 조건을 내건 것이다.

하지만 나는 천성적으로 해보지도 않고 포기하는 것을 좋아하지 않는다. 그래서 곧바로 나는 엔지니어들을 불러 모았다. 그리고 4개월 동안 크라이슬러가 요구하는 엔진을 만들 수 있는 방법을 찾아보자고 했다.

4개월 후 우리 팀은 목표대로 2400cc급 엔진을 개발해냈고, 나는 크라이슬러 측에 우리가 개발한 엔진을 검토하러 오라고 통보했다. 하지만 크라이슬러는 우리 연구소를 방문하는 순간까지도 내 말을 곧이곧대로 믿지 않았다. 기껏해야 도면 몇 장 그려놓고 부르는 것이라고 생각했다. 하지만 우리 팀은 4개월 동안 2400cc급 세타엔진의 설계만 변경해놓은 것이 아니었다. 엔진까지 전부 깎아서 시작품을 내놓았다. 크라이슬러는 우리 팀의 추진력에 혀를 내둘렀다. 더 이상 평계를 댈 수도 없었다. 결국 그렇게 해서 크라이슬러의 자동차에도 세타엔진을 장착하게 됐다.

물론 4개월 만에 신형 엔진을 개발한다는 것은 쉬운 일이 아니었다. 덕택에 우리 엔지니어들은 이루 말할 수 없는 고생을 해야 했다. 하지만 그들은 반드시 해낼 것이라는 내 의지를 믿고 잘 따라줬다. 나 역시 그들을 믿었고 내가 할 수 있는 것은 뭐든지 도와주고 싶었다. 그들과 함께 호흡하던 순간 나는 가장 나다운 방식으로 살아가고 있다는 기분을 느꼈다. 누구보다 열정적이고 헌신적인 엔지니어들과 함께 실험실에서 엔진 개발을 몰두하던 그 순간, 돌아보면 그때처럼 신명나게 일했던 적이 없는 것 같다. 내 평생 가장 아름다운 시절로 기억될 것이다.

위기를 기회로 만든 팀워크

내가 현대자동차에 와서 직속상관이나 중역들과 부딪친 이유는 그들과 기술에 대한 견해가 본질적으로 달랐기 때문이다. 자동차회사에서 기술 독립이 무엇을 의미하는지 분명히 알고 있던 나는 무슨 일이 있어도 기술을 개발해야 한다는 고집이 있었다. 하지만 대부분의 중역들은 우리 기술을 무시하기 일쑤였고, 선진 회사에서 기술을 사오는 것을 당연하게 여겼다. 엔진 기술이 어느 정도 수준에 올라섰을 때도 변속기 분야에서는 여전히 그런 마인드가 존재했다.

2005년에 내가 현대자동차 사장으로 진급하기 직전에 있었던 일이다. 현대자동차 임원 중 우리 변속기 기술을 아주 형편없다고 여기고 외국 회사와 기술 제휴를 추진한 인물이 있었다.

실제로 당시 우리의 자동변속기 설계 기술이 그다지 뛰어나지 않았던 것은 사실이다. 우리는 5단변속기까지는 설계할 수 있었지만, 6

단변속기는 설계하지 못하고 있었다. 그럴 때 엔지니어는 우리의 기술 수준을 하루 빨리 끌어올리는 것을 최선의 과제로 생각한다. 하지만 임원들 중에는 우리의 기술력을 높이는 대신 다른 회사의 기술을 사오는 것이 낫다고 판단하는 이들이 있다. 그래서 독일 ZF사와 기술 제휴를 맺었다. ZF는 변속기 분야에서 세계적으로 알아주는 회사였다. 현대는 ZF와 6단변속기를 공동 개발하기로 하고 그 대가로 1500억 원의 기술료를 지불하기로 했다.

그러고 나서 몇 달 후 내가 사장으로 취임하게 됐다. 신기술과 신제품을 총괄하게 되면서 이전 계약서들을 검토할 기회가 생겼는데, ZF와의 계약서를 검토하던 중 이상한 점을 발견했다. 계약서에는 분명 기술료로 1500억 원을 지급하는 것으로 돼 있었지만, 이면 계약에 포함된 조항까지 전부 합치면 우리가 지급해야 할 기술료가 무려 4500억 원에 달했다. 계약서대로 이행한다면 회사에 막대한 손해를 끼칠 게 뻔했다. 아무리 변속기 기술이 중요하다고 해도 지나친 조건이었다. 문제가 심각하다고 판단한 나는 엔지니어들과 몇 번의 회의를 거친 다음 곧바로 정몽구 회장을 찾아갔다.

"회장님, 얼마 전에 사인한 ZF와의 계약 건 있지 않습니까?"

"그래, 있지. 내가 독일까지 가서 사인까지 마쳤는데, 왜?"

"계약서를 검토해 봤는데, 아무래도 이건 아닌 것 같습니다. 이런 식으로 진행하면 앞으로 두고두고 골치 아프게 될 겁니다."

"그게 무슨 말이지?"

"지금 당장 지불해야 할 기술료도 문제지만, 앞으로 두고두고 항목마다 로열티를 지불해야 할 텐데, 그때마다 골칫거리가 될 거란 말씀입니다."

정몽구 회장은 난처한 표정을 지었다.

"무슨 말인지는 알겠는데, 이미 사인까지 마친 사안을 어쩌자는 건가?"

나는 기다렸다는 듯이 대답했다.

"회장님, 앞으로 현대가 세계시장에서 경쟁하려면 기술 자립이 무엇보다 중요합니다. 이번 기회에 아예 우리 힘으로 최첨단 변속기 기술을 자립하는 것이 좋을 것 같습니다."

나는 잠시 뜸을 들인 다음 힘줘 말했다.

"저에게 6개월의 시간을 주십시오. 그러면 틀림없이 방법을 찾아내서 문제를 해결하겠습니다."

정몽구 회장의 허락을 받고 사무실로 돌아온 나는 어떻게 해서든 이 계약 건을 물리고 싶었다. 우리의 기술 수준이 부족하다고 해서 엄청난 로열티를 감수하면서까지 불리한 계약을 할 필요는 없었다. 하지만 회사 대 회사 간의 계약을 막무가내로 취소할 수는 없었다. 어떻게든 방법을 찾아야 했다.

나는 변속기 분야의 베테랑 엔지니어들을 사무실로 불러 모았다. 그들에게 현재 상황을 설명하고 나서 이렇게 주문했다.

"자네들에게 6개월의 시간을 주겠네. 그 동안 모든 방법을 다 써서 현대에 가장 적합한 변속기 기술을 개발하게. 답이 나올 때까지는 주말도 없고 휴가도 없네. 알겠나?"

내 말에 엔지니어들은 긴장한 빛이 역력했다. 하지만 사안의 중요성을 알아차렸고, 이번 기회에 변속기 기술을 자립해야 한다는 내 생각을 그들도 절감하고 있었다.

"네, 알겠습니다."

순식간에 특공대가 결성됐다. 엔지니어들은 6개월이라는 기간 동안 무슨 일이 있어도 원하는 변속기를 개발해야 했다.

자동변속기의 콘셉트라는 것은 결국 기어의 조합에 달려 있었다. 다양한 방식으로 기어를 배열해 가면서 원하는 스피드를 낼 수 있는 단수를 찾아내는 것이 우리의 과제였다. 연구소의 가장 뛰어난 엔지니어 일곱 명이 밤낮으로 실험에 실험을 거듭했다. 그들은 외출도 못하고 주말도 반납한 채 연구실에 틀어박혀 기어의 배열을 조합해가며 시뮬레이션을 거듭했다. 그렇게 합숙하면서 연구를 계속한 결과, 예상보다 빠른 4개월여 만에 우리가 원하는 변속기의 조합을 찾아낼 수 있었다. 나는 곧바로 정몽구 회장을 찾아갔다.

"회장님, 답을 찾았습니다. 이제 ZF와 계약을 없던 것으로 해도 되겠습니까?"

정몽구 회장은 대답 대신 만면에 웃음을 지어보였다. 4500억 원의 로열티를 아낄 수 있는 기회를 마다할 경영자는 없었다.

이제 ZF와의 담판만이 남아 있다. 이미 심사된 계약을 취소하는 것은 오로지 내 능력에 달려 있었다. 나는 ZF 회장에게 직접 메일을 보냈다.

"부득이한 사정으로 귀사와 진행하고 있는 변속기 계약을 파기하려고 합니다. 대신 현재까지 진행한 부분에 대해서는 충분히 보상을 하겠습니다. 보상 금액을 제시해 주시기 바랍니다."

나는 합리적인 선에서 피해 금액을 보상하고 계약을 취소할 생각이었다. 그런데 ZF에서 보상 금액으로 300억 원을 요구해왔다. 나는 곧바로 답장을 썼다.

"보상 금액으로 300억 원을 제시하셨는데, 현대자동차를 위해 쓴 금액일 테니 우리는 충분히 보상할 의향이 있습니다. 다만 우리도 이 프로젝트에 300억 원을 투자한 셈이니 그에 해당하는 기술은 우리가 가질 권리가 있다고 생각합니다. 그러니 300억 원에 해당하는 연구 내용과 경비 내역을 보내주시기 바랍니다."

ZF에서는 한동안 답장이 없었다. 마침내 내역서가 도착했는데, 내역서에 기재된 금액은 25억 원이 채 안 되는 금액이었다. 계약한 지 얼마 되지 않은 시점이었기 때문에 진행한 사항이 별로 없었던 것이다. 나는 다시 답장을 썼다.

"귀사에서 보내온 내역서를 잘 봤습니다. 우리 쪽에서 본의 아니게 계약을 파기하게 됐으니, 충분히 보상을 해드리겠습니다. 다만 300억 원의 보상 금액은 합리적이지 않은 것으로 판단됩니다. 우리는 제시한 내역서의 총 경비 25억 원에 보상금을 포함해 총 40억 원을 보상

금으로 지불할 의향이 있습니다. 만약 동의하기 어렵다면 우리도 제시한 금액에 대한 구체적인 실사를 진행할 수밖에 없음을 알려드립니다."

나의 제안에 ZF도 결국 동의할 수밖에 없었다. 이로써 ZF와 계약했던 변속기 기술 제휴는 40억 원의 보상금을 지불하는 선에서 일단락됐다. 계약을 그대로 진행했을 때 지불해야 할 4500억 원 중 100분의 1 금액으로 마무리 지은 셈이다.

하지만 불합리한 계약을 취소한 것보다 더 의미 있었던 것은 이 프로젝트 덕분에 우리 팀의 변속기 개발 실력이 일취월장했다는 사실이다. 우리 엔지니어들은 짧은 기간 동안 심도 깊은 연구를 한 덕분에 부족했던 변속기 기술 분야에서도 기술력을 업그레이드할 수 있었다. 4개월여 동안 우리 힘으로 개발한 6속, 8속, 10속 변속기 기술은 국제 특허를 230개나 취득하는 성과를 거뒀다. 무엇보다 우리 엔지니어들이 도전 정신과 열정을 가지고 맡은 목표에 헌신했기에 가능한 일이었다. 선진 회사에 의존하지 않고 기술 독립을 이루겠다는 엔지니어들의 의지와 팀워크가 있었기에 우리는 위기를 기회로 바꿀 수 있었다.

화내는 상사보다 더 무서운 상사

오랫동안 중역으로 있으면서 내가 가장 중요하게 생각한 것은 나보다 유능하고 똑똑한 엔지니어를 많이 키워내는 것이었다. 그를 위해서 나는 알고 있는 것들, 경험한 것들, 평생 공부한 것들을 후배들에게 아낌없이 쏟아부었다. 그리고 항상 후배들에게 나를 추월해 가라고 독려했다. 그래야 회사가 발전하고 우리나라 자동차산업에 미래가 있다고 생각했다.

하지만 일에 대한 열정이 없는 직원들에게는 가차 없는 상사로 통했다. 그래서인지 직원들은 나에게 보고하러 오는 순간이 가장 두렵다고 말하곤 했다. 결재할 때 내가 허투루 넘어가는 법이 없기 때문이다. 부하 직원이 결재를 받으러 오면 나는 꼼꼼하게 서류를 살핀 다음, 의문이 생기는 부분을 그 자리에서 바로 질문했다.

"이건 좀 이상한데, 왜 이렇게 되는 거지?"

내 질문에 곧바로 대답하지 못하고 쩔쩔매는 직원들이 더러 있었다. 자신이 하는 일을 머릿속으로 완전히 꿰고 있지 못하기 때문이었다. 그럴 때 나는 대충 넘어가는 법이 없이 직원을 몰아세웠다.

"어떻게 자기가 맡은 일에 자기 의견이 없을 수 있나? 제대로 연구해서 다시 정확한 논리를 만들어 오게."

한번은 그렇게 돌려보낸 중역이 다음 번에 내게 보고하러 올 때, 팀원들을 줄줄이 데리고 온 적이 있었다. 정곡을 찌르는 내 질문에 스스로 대답하지 못할 것 같으니 부장, 차장 심지어 대리까지 모두 데리고 온 것이다. 나는 그를 호되게 나무랐다.

"자네가 직접 공부해서 머릿속으로 정리를 해와야지 팀원들을 다 데리고 오면 쓰나. 그건 내가 원하는 게 아닐세. 나는 자네 의견을 듣고 싶은 거지 다른 사람의 의견을 듣고 싶은 게 아니야. 그러니 제발 공부 좀 하게. 계속 이런 식이면 내가 자네 인사고과에서 좋은 점수를 줄 수 있겠나?"

연말 인사고과에 반영된다는 것은 직장인에게 가장 무서운 말이다. 인사고과가 좋지 않으면 제때 승진할 수 없기 때문이다. 그래서 내 부하 직원들은 생존을 위해서라도 죽기 살기로 공부해야 했다. 나는 그런 식으로 직원들이 스스로 공부하지 않을 수 없는 분위기를 만들었다. 그렇게 실력이 쌓이면 결국 자기 자신에게 도움이 되고, 저절로 회사도 발전한다. 그래서 나는 엔지니어들에게 회사에 나와 있는 시간의 51퍼센트는 자기 자신을 위해 공부하고, 나머지 49퍼센트만 회사를 위해 쓰라고 조언하곤 했다. 그들이 49퍼센트만 회사를 위해 일한다고 해도 회사 입장에서는 이익이라고 생각했기 때문이다. 직원 개개인이 각자 열심히 공부해서 실력을 쌓으면 회사의 실력은 자연스럽게 따라오기 마련이다.

어떤 조직이든 후배가 선배보다 나아야 발전하는 조직이 될 수 있다. 그러려면 구성원들이 가지고 있는 정보를 서로 공유해야 한다. 하나의 정보가 여러 사람의 손을 거쳐 재가공될 때 정보의 질이 높아지고 실력이 쌓인다. 그래서 나는 정보를 책상 속에 꽁꽁 숨겨두고 혼자만 보는 직원을 가만두지 않았다. 정보는 자유롭게 흘러다녀야 한다고 믿었기 때문이다. 내가 가진 선진 기술을 먼저 내놓고, 구성원 각자가 가진 정보를 공유할 수 있는 시스템이었기에 현대자동차는 짧은 시간 동안 비약적인 성장을 거듭할 수 있었다. 지금 현대자동차를 이끌고 있는 많은 임직원들이 예전에 연구소에서 같이 일하던 후배들이라는 사실은, 내가 가진 자부심 중의 하나다.

나만의 특별한 소통법

업무 보고를 받을 때는 깐깐하기 이를 데 없는 상사였지만, 그렇다고 내가 매사에 상하관계가 엄격한 사람은 아니었다. 나는 부하직원들과 어울리는 것을 무척 좋아했다. 시간이 날 때마다 등산을 같이 가고, 점심시간에 짬을 내서 운동을 같이 했다. 나를 믿고 따라와준 직원들을 가족처럼 믿고 사랑했다. 독자 엔진을 만들던 시절부터 회사 내의 반대와 수많은 실패를 함께 겪으면서 신뢰를 쌓아온 사람들이었기에 어찌보면 당연한 일인지도 모른다.

현대자동차는 수요일 오후 다섯 시가 되면 하던 일을 모두 멈춘다. 그 날은 다섯 시 이후에 일을 하지 못하도록 사내 규칙으로 정해져 있기 때문이다. 실험실에 틀어박혀 있던 엔지니어들도 그날만큼은 하던 일을 모두 멈추고 휴식을 취한다.

나는 그 시간에 연구소 엔지니어들을 만나는 것을 좋아했다. 그래서 매주 수요일마다 연구소 앞 잔디구장에서 삼겹살 파티를 벌이곤 했다. 물론 그때쯤 우리 연구소는 부서가 수백 개가 넘고, 엔지니어들도 만여 명에 이를 만큼 규모가 커졌다. 그러다보니 한꺼번에 다 볼 수가 없어서 각 분야별로 400명씩 매주 돌아가면서 만나기도 했다. 엔지니어들 한 명 한 명과 얼굴을 마주보고 고기를 구워 먹으면서 허심탄회하게 얘기하다 보면 일에 대한 고충이나 애로 사항도 저절로 알 수 있게 됐다. 그러다 분위기가 무르익으면 잔디구장에서 공차기를 하면서 그간 쌓였던 스트레스를 풀곤 했다.

우리 연구소에는 연구직뿐 아니라 생산직 직원도 천여 명 정도 있었는데, 나는 그들과도 돈독한 관계를 유지했다. 생산직 직원들은 조금 짓궂은 구석이 있는데, 한번은 그들의 사기를 북돋워 주려고 주말에 바비큐 파티를 열었다.

연구소 내에 야외 수영장이 있었는데, 수심이 꽤 깊은 편이었다. 한창 흥이 오르자 그들은 나를 붙잡더니 2미터가 넘는 수영장에 던져버렸다. 그때가 9월 중순쯤이어서 물이 꽤 차가웠다. 내가 허우적거리면서 수영장을 빠져나오자 그들은 뭐가 그리 좋은지 박장대소를 했다. 수영장을 빠져나온 나는 그제야 안경이 없어진 것을 알아차렸다. 내가 안경을 잃어버렸다고 하자 그들은 누가 먼저랄 것 없이 앞다퉈 수영장으로 뛰어들었다. 족히 60여 명이나 되는 직원들이 일제히 수영장으로 뛰어들어 바닥을 샅샅이 뒤지다시피 해서 안경을 찾아냈다. 덕분에 우리는 너나 나나 할 것 없이 물에 빠진 생쥐 꼴이 되고 말았다. 그게 어찌나 재미있었던지 우리는 서로 손가락질하며 한참을 웃었던 기억이 난다.

다음 날 독일 출장을 가는 길에 감기에 걸려 고생을 하긴 했지만, 나는 그런 교감을 통해 팀워크가 생긴다고 믿었다. 연구소의 만여 명에 달하는 엔지니어들이 그런 식으로 하나로 호흡하다보니 무서울 정도의 저력을 발휘할 수 있었다.

요즘 소통에 대해 많이들 얘기하는데, 나는 소통이 특별한 게 아니라고 생각한다. 서로 얼굴을 마주보고 스스럼없이 얘기할 수 있는 분위기를 만드는 것, 그런 과정에서 믿고 의지할 수 있는 신뢰를 쌓아가는 것, 그게 바로 소통이 아닐까.

그런 노력 덕분에 부하 직원들은 한편으로는 나를 무서워하면서도 늘 믿고 따라줬다. 현대자동차를 퇴임한 지금도 그때 같이 일했던 직원들과 연락하고 만날 수 있는 것은 내가 그들을 가족처럼, 친구처럼 스스럼없이 대했기 때문일 것이다.

한마음 한뜻으로 기적을 이루다

현대자동차는 노조가 아주 거칠기로 유명하다. 해마다 임금 협상을 위해 노조원과 임원진 사이에 격렬한 협상이 진행된다. 노조원과 임원진은 서로의 이해관계가 다르기 때문에 의견이 다를 수밖에 없다. 임원진은 회사의 이익을 대변해야 하고, 노조는 노조원들의 이익을 대변해야 하기 때문이다. 그러다보니 협상이 결렬돼 농성이 벌어지는 일도 종종 있다. 모르긴 몰라도 현대가 거친 이미지를 갖게 된 데는 이러한 노조의 역할도 한몫했을 것이다.

나는 그런 노조와도 스스럼없이 지내는 몇 안 되는 중역이었다. 1997년에 마북리 연구소에서 울산의 차량연구소장으로 발령 났을 때의 일이다. 당시에는 마북리연구소의 엔진 개발이 이미 상당 수준에 올라 있었기 때문에 차량 기술 보완을 위해 울산의 차량 연구소로 발령이 났었다.

부임하는 첫 날, 아침에 출근하는데 연구소 입구에 수백 명의 인파가 몰려 있었다. 무슨 일인지 알아보니 울산의 노조원들이 나를 환영하기 위해 전부 나와 있었던 것이다. 연구소장의 부임을 노조원들이 나와서 환영하는 일은 회사 창립 이래 단 한 번도 없던 일이었다. 나는 그들을 물리칠 수 없어서 차에서 내려 일일이 악수를 나누면서 연구소까지 걸어서 들어갔다.

사실 내가 이런 대접을 받을 수 있었던 데는 한 가지 사건이 있었다. 남양연구개발본부에 상무로 있을 때의 일이다. 알고 지내던 울산 노조 사무장이 어느 날 전화를 걸어왔다.

"상무님, 잘 지내십니까?"

"어, 그래, 사무장, 어쩐 일인가."

"저…… 다름이 아니고……, 상무님 동생 분이 유명한 의사라고 들었는데, 맞습니까?"

"뭐, 그렇지. 내 동생이 의사긴 해. 그런데 왜? 무슨 일 있어?"

"아이고 상무님, 저 좀 도와주십시오."

갑자기 전화기 너머에서 울먹이는 소리가 날아들었다. 사연을 들어보니 울산공장 노조원 하나가 백혈병에 걸렸다는 것이다. 노동운동을 아주 과격하게 하던 친구라 나도 익히 아는 사람이었다. 그 친구가 백혈병에 걸려 3개월째 병원에 입원해 있는데 도통 차도가 없다는 것이었다.

"의사가 그러는데, 가망이 없답니다. 이제 스물아홉밖에 안 된 녀석인데, 저대로 죽게 내버려둘 수 없어서 지푸라기라도 잡는 심정으로 전화드렸습니다. 상무님, 꼭 좀 도와주십시오."

얼마나 급했으면 나에게 전화를 했을까 싶어 안쓰러운 마음이 들었다.

"내 동생이 의사긴 한데, 외과의사라 백혈병에는 별 도움이 안 될 거야. 대신 내가 한번 알아볼 테니 조금만 기다리게."

나는 전화를 끊고 나서 바로 아산병원 혈액내과에 전화를 걸었다. 고등학교 동창이 거기서 과장으로 근무하고 있었다. 사정을 듣고 나서 동창은 아무래도 어렵겠다고 했다. 나는 그대로 물러설 수 없어 간곡하게 다시 물었다.

"진짜로, 전혀 방법이 없나?"

그러자 그가 말끝을 흐리는 것이었다.

"방법이 하나 있긴 한데……."

나는 귀가 번쩍 뜨였다.

"있어? 뭔데?"

"지금 할 수 있는 유일한 방법은 그 친구를 입원시키고 45일 동안 매일 신선한 피를 10리터씩 수혈하는 거야. 대신 혈액 자체가 아주 신선하고 적혈구를 만드는 조혈세포가 많이 들어 있는 젊은 피라야 해. 그러면 나을 가능성도 있어."

"그래? 그럼 그거라도 해보자."

나는 곧바로 백혈병을 앓고 있는 노조원을 서울로 불러 아산병원에 입원시켰다. 그리고 연구소의 엔지니어들에게 도움을 청했다. 당시 우리 연구소에 근무하던 수천 명의 엔지니어들 중에 2,30대 젊은 사람이 꽤 있었기 때문이다. 나는 그들에게 사정을 털어놓고 혈액형이 맞는 사람들 중에서 자원자를 받았다. 노조원의 딱한 사정을 듣고 엔지니어들도 자기 일처럼 나서줬다.

그날부터 매일 아침에 아산병원에서 연구소로 헌혈 버스가 오기 시작했다. 그날 자원한 엔지니어 스무 명이 출근하자마자 수혈을 했다. 그렇게 한 달 반을 꼬박 새로운 피를 수혈 받고 나서 노조원은 기적처럼 완치됐다. 말 그대로 연구소 엔지니어들이 한마음 한뜻으로 마음을 모아 이뤄낸 기적이었다.

그 일이 있고 나서 6개월 후에 울산연구소장으로 발령이 났으니 노조원들이 나를 반겨줬던 것이다. 내가 울산연구소에 발령받았던 해는 외환 위기 때라서 해고되는 직원들이 적지 않았다. 그 때문에 노조원들이 공장을 점거하고, 중역들의 사무실을 습격하는 등 시끄러운 일이 많이 일어났다. 하지만 그런 상황에서도 내 사무실은 전혀 피해가 없었다. 노조원들이 먼저 나서서 불침번을 서가며 사무실을 지켜줬던 것이다. 거기다 혹시 있을지 모르는 불상사를 대비해 여섯 명이 한 조를 이뤄 내가 어디를 가든지 나를 호위해줬다. 나는 그저 내가 할 수 있는 일을 한 것이었지만 그로 인해 노조원들이 편견 없이 나를 받아들여줬던 것이다.

기술 세계에 영원한 강자는 없다

3년 전에 나는 두산으로 자리를 옮겼다. 두산에서는 두산인프라코어, 두산중공업, 두산전자, 두산엔진 등 두산그룹의 기술 분야 자회사들의 기술을 총괄하고 있다. 현대자동차에 있을 때는 엔진 설계부터 신차 개발에 이르기까지 모든 실무를 총괄했다면 두산에서는 그룹 전체의 방향성을 조망하면서 기술 분야에 필요한 시스템을 구축하는 일을 하고 있다.

두산은 우리나라에서 가장 오래된 회사다. 자그마치 118년의 역사를 지니고 있다. 하지만 대부분의 기간을 소비재 분야에 주력하다 최근에 와서 중공업 발전 설비 등 기술집약적 산업으로 방향을 전환했다. 그러다보니 주력 분야의 기술력이 상대적으로 아직도 약한 부분이 있다. 나는 두산의 기술력을 보완하기 위해 부임하자마자 종합연구소 설립을 추진하는 등 회사 시스템을 보완하고 있다.

현대에서도 그랬지만 두산에 와서는 더더욱 회사의 미래가 기술에 달려 있다는 사실을 절감하고 있다. 기업이 성공하려면 무엇보다 신기술을 응용한 신제품을 만들어 경쟁력을 확보해야 한다. 그러려면 미래 기술을 예측하는 능력이 필요하다. 내가 현대자동차를 세계적인 기업으로 성장시키는 데 기여했다고 해서 두산에서의 성공을 보장할 수는 없다. 다만 그동안 쌓아온 엔지니어의 안목으로 미래를 준비할 뿐이다.

나는 두산그룹의 25층 사무실에서 미래에 경쟁력을 확보할 수 있는 신기술이 무엇일지, 어떤 기술이 가장 파급 효과가 클지를 시뮬레이션하곤 한다. 그런 예측이 적중하면 회사가 발전할 것이고, 그렇지 못하면 미래를 장담하기 어려워진다.

현대나 두산 같은 제조업 회사들에게 최근 중국 업체들의 성장은 대단히 위협적이다. 중국 업체들이 기술에 전폭적인 투자를 하면서 무서운 속도로 우리를 따라잡고 있다.

그들을 이기는 방법은 다른 게 없다. 중국이 쫓아오는 속도보다 더 빨리 달아나는 것이다. 내가 현대자동차에서 쓰던 전략이 바로 그것이었다. 기술 변화의 트렌드를 정확하게 읽고 경쟁 업체보다 한 걸음 앞서갈 수 있는 전략을 채택하는 것. 거기에 능력 있는 엔지니어들을 최대한 확보하고, 그들이 마음 놓고 일할 수 있는 환경을 만들어줘야 한다.

최근 엔지니어링 분야에서는 기술의 융복합을 이해하는 것도 필수적이다. 예전에는 제조업 분야에서 기계 기술만 가지고도 충분히 경쟁력을 확보할 수 있었다. 하지만 지금은 IT나 통신 분야 기술을 융합하지 않으면 경쟁력을 얻기 어렵다. 기술이 복잡해지고 제품이 다양해지면서 한층 깐깐해진 고객들의 요구에도 적절히 대응해야 한다. 지금의 기업 환경에서는 한 발이라도 늦으면 그 격차를 회복하기가 어렵다.

그러다보니 최근의 기업들은 엔지니어 출신 CEO 확보에 심혈을 기울이고 있다. 한국 100대 기업의 CEO 절반 이상이 이공계 출신으로 채워지고 있는 것이 그러한 현실을 반영한다. 10년 전만 해도 45퍼센트에 불과했던 이공계 출신 CEO의 비율이 10년 사이에 60퍼센트 이상으로 역전됐다. 기술의 트렌드가 빠르게 변하고 복잡해지는 기업 환경에서 이제 기술에 대한 이해 없이는 기업 운영이 어렵기 때문이다.

과거 우리 세대의 엔지니어들에게 최우선의 과제는 선진 기술을 가급적 빨리 따라잡는 것이었다. 하지만 기술의 세계에서 절대 강자란 없다. 우리가 선진 기술을 따라잡았듯이 무서운 기세로 우리를 따라오는 경쟁 업체들이 존재한다.

다음 세대 엔지니어들은 그들에게 따라잡히지 않고 기술을 선도하면서 창조적인 발상으로 새로운 시장을 창출해야 할 것이다. 이제는 엔지니어들도 자기 분야에서만 전문가로 남아서는 곤란하다. 연계된 기술을 이해해야 하고, 기술의 폭도 그만큼 넓어야 한다. 달라진 기업 환경에 발 빠르게 대응할 수 있는 판단력과 미래 기술 예측력을 가진 엔지니어들만이 미래사회를 주도할 수 있을 것이다.

엔지니어는 수억 명의 삶을 좌우한다

2011년 5월, 나는 뉴욕주립대학교 졸업식장에 서 있었다. 내 앞에는 이제 막 사회에 첫발을 내딛는 3400여 명의 졸업생들과 6000명의 학부모가 앉아 있었다. 졸업생들의 얼굴에는 미래에 대한 기대와 젊은이 특유의 생기가 넘쳤다. 그들의 면면을 바라보고 있자니, 38년 전 젊은 시절로 되돌아간 기분이었다. 선진국의 엔진 기술을 배우겠다고 무작정 유학길에 올랐던 이십 대 시절로 말이다. 처음 이 교정으로 들어서던 그날이 어제처럼 선명했다.

나는 졸업생들에게 들려주기 위해 몇 번이나 고쳐 쓰고 다듬었던 연설문을 머릿속으로 되뇌어봤다. 그들에게 내가 해주고 싶은 말은 단 하나였다.

"최고를 향해 도전하라!"

나는 이제 막 사회에 첫발을 내딛는 젊은이들에게 힘줘 말했다.

"지금 이 시대는 과거 어느 때보다 물질적인 가치를 추구하고 있습니다. 누구나 검증된 기회를 잡으려고 하고, 안정된 직장을 원하지요. 안타깝게도 새로운 기회에 도전하려는 인재는 드뭅니다. 하지만 나는 이런 시대일수록 도전하는 인재가 진가를 발휘한다고 믿습니다. 30년 전 내가 많은 사람들의 반대를 무릅쓰고 독자 엔진을 개발했던 것처럼 말이지요."

7분 동안의 연설이 끝났을 때 졸업생들은 우레와 같은 박수로 화답해줬다. 그날 뉴욕주립대학교는 엔지니어로서의 공로를 인정해 나에게 명예박사학위를 수여했고, 석좌교수의 영예까지 안겨줬다. 한국인 중에서는 처음 있는 일이었다.

졸업식이 끝나고 모처럼 아내와 함께 뉴욕 거리를 걸었다. 뉴욕 거리는 38년 전과는 몰라보게 달라져 있었다. 그 거리에서 현대 로고가 박힌 자동차를 발견하는 것은 어려운 일이 아니었다. 그만큼 우리나라 자동차 브랜드의 위상이 높아졌다는 의미일 것이다.

그 사실에 새삼 가슴이 뜨거워졌다. 내가 했던 도전들이 결코 헛된 것이 아니었음을 인정받는 기분이었다. 그 무렵 나는 전 세계 자동차 업계에서 가장 영향력 있는 인물 16위에 올라 있었다. 물론 혼자만의 노력으로 이룬 성과는 절대 아니다. 함께 구슬땀을 흘렸던 엔지니어들의 노고가 없었다면 불가능했을 일이다.

그간 한국의 1세대 엔지니어들이 일군 성과는 실로 눈부시다. 자동차산업만 해도 100년이나 늦게 출발했지만 세계 5위의 자동차 생산

국이 되었다. 그래서인지 요즘은 해외에서도 자동차나 반도체 신화를 일군 우리나라 엔지니어들을 높게 평가하는 편이다.

실제로 세계 자동차 업계에서 독자 브랜드를 가지고 세계시장에서 경쟁하고 있는 나라는 미국, 일본, 한국, 독일, 프랑스, 이탈리아 이렇게 여섯 나라뿐이다. 우리나라를 제외한 다른 나라들은 제2차 세계대전 때 비행기를 만들던 나라들이다. 당연히 엔진 기술이 뛰어날 수밖에 없다. 반면 한국은 제2차 세계대전 때 비행기는커녕 자동차도 구경하기 힘든 나라였다. 그런 나라가 이렇게 빠른 시간 동안 세계적인 기술력을 갖추었으니 놀랄 만도 한 일이다. 그래서인지 외국 엔지니어들은 도대체 우리나라 엔지니어들이 어떤 사람들이기에 무에서 유를 창조하는 성공 신화를 일굴 수 있었는지 궁금해한다.

언젠가 1세대 엔지니어들과 이것에 대해서 이야기를 나눈 적이 있었다. 하지만 우리가 내린 결론은 우리나라 엔지니어들이 특별히 잘나고 똑똑해서 그런 성과를 거둔 것이 아니라는 사실이다.

나 역시 도요타나 혼다의 엔지니어보다 엔진 설계 경험이 많고 똑똑해서 독자 엔진을 개발할 수 있었다고 생각하지 않는다. 그저 실패를 두려워하지 않고 끊임없이 도전한 것, 한두 번의 실패에 좌절하지 않고 끈기 있게 밀어붙인 것, 거기에 기업 경영자의 강력한 지원이 뒷받침됐기에 성공을 거둘 수 있었다고 생각한다.

나는 미래의 스티브 잡스, 빌 게이츠를 꿈꾸는 이들에게 이 말을 들려주고 싶다.

'판사는 평생 수십 명의 생사를 좌우하고, 의사는 수천 명의 생사를 좌우하지만, 엔지니어는 수억 명의 삶을 좌우한다.'

한 사람의 멋진 상상이 제품으로 만들어질 때 그 제품은 시장에 나가 백 배, 천 배의 영향력을 발휘한다. 그로 인해 우리는 이전에는 상상할 수도 없었던 편리하고 풍요로운 삶을 누릴 수 있다. 스티브 잡스가 스마트폰을 내놓기 전에는 전혀 상상할 수 없었던 세상을 지금 우리가 살아가고 있는 것처럼 말이다.

물론 미래의 엔지니어들이 처한 환경은 우리 1세대 엔지니어들이 겪었던 것과는 사뭇 다를 것이다. 우리 세대는 선진국의 앞선 기술력을 최대한 빨리 따라잡는 것이 목표였다. 적어도 가야 할 목표가 분명했다. 하지만 미래의 엔지니어들은 다르다. 그들은 누구도 예상하지 못한 새로운 방식으로 세상을 이끌어가야 한다. 그러기 위해서는 갈수록 빨라지는 기술 변화를 따라잡아야 할 것이다. 다양한 기술의 융복합도 이해해야 할 것이다. 무엇보다 창의적인 사고를 바탕으로 이제까지 없었던 새로운 시장을 개척해야 할 것이다.

그럼에도 불구하고 나는 우리 젊은이들이 이왕이면 큰 꿈을 가지고 겁 없이 도전하기 바란다. 부디 세상에 주눅 들지 않고, 패기 있게 자신의 가능성을 시험해 보기를 바란다. 엔지니어의 길을 먼저 걸었던 한 사람으로서 무한한 가능성이 펼쳐져 있는 여러분의 미래를 진심으로 응원한다.

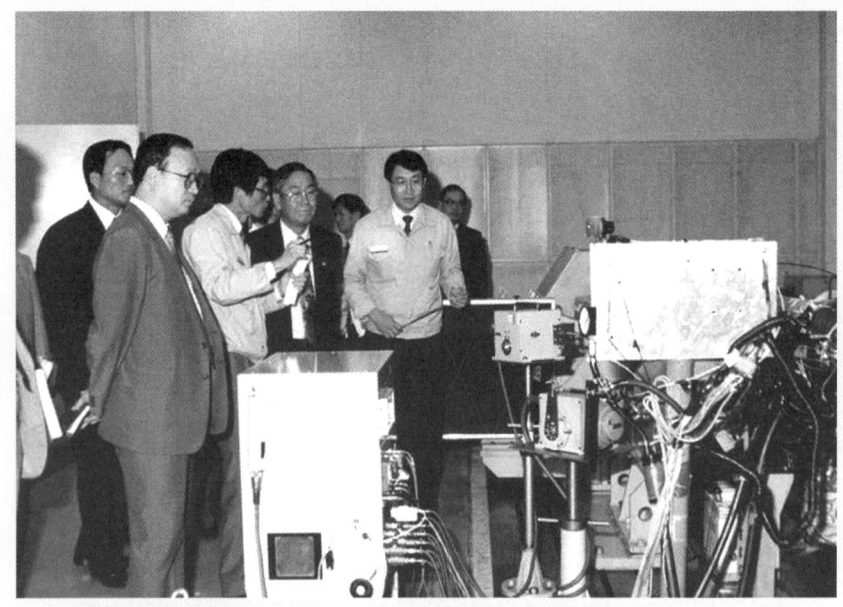

1990 당시 과학기술부 김진현 장관 방문

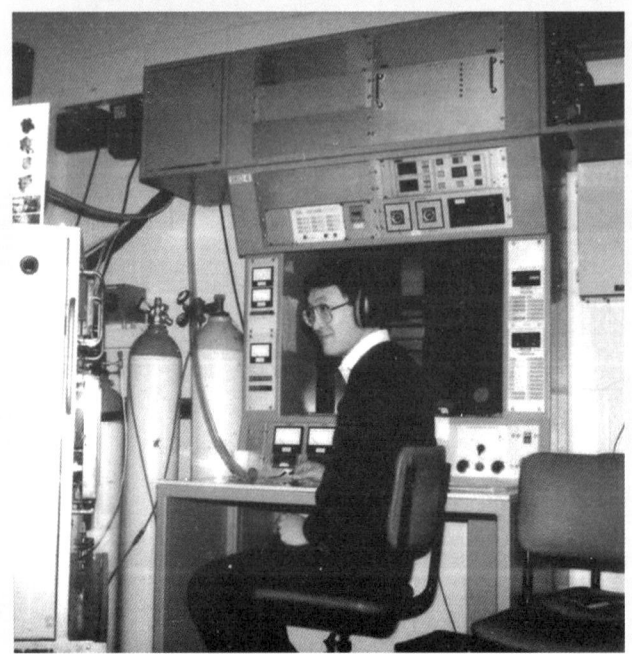

1990 마북리 연구소 실험실

1990 미쓰비시 구보 회장 방문

1991 알파엔진 양산 기념회

2007 보쉬 임원 미팅 때 보쉬 부회장 페터 티롤러와 함께

2008 현대자동차−마이크로소프트사와 제휴 협약식

2008 기술경영대상

2008 타우엔진 워즈오토 세계 10대 엔진상 수상 — 현대자동차 임원들과 함께

2009 제네시스 북미 올해의 차 수상 및 모터쇼

2009 코리아소사이어티 만찬 행사 — 현대자동차 임원들과 함께

2010 대한민국 100대 기술과 주역 시상식

2009 제13회 한국공학한림원 대상 시상식

2010 청와대 전기자동차 개발 성과 보고회

2013 두산 테크 포럼

알파엔진
1991년 우리나라 최초 독자 엔진.
스쿠프자동차에 장착됐으며,
이후에도 연비 등을 개선시키면서
2005년에는 알파엔진2를 개발하기도 했다.

세타엔진
2002년에 개발한 엔진으로,
NF쏘나타에 탑재됐다.
일본과 미국 등 엔진 기술을 수출히면서
우리나라를 자동차산업이 선두주자로 도약하게
만들었다. 단일 엔진으로는 한 해에
가장 많이 생산하는 엔진으로,
이 기록은 아직도 깨지지 않고 있다.

타우엔진
2008년 개발한 엔진. 고성능과
대배기량임에도 불구하고 좋은 연비로,
엔진 부분 최고 권위의 상인
'워즈오토' 상을 수상했다. 또한
타우엔진이 탑재된 제네시스는
우리나라 최초로 '2009년
북미 올해의 차'에 선정됐다.

구성 **전채연** | 경희대 국어국문학과를 졸업했다. 잡지 기자를 거쳐 출판사 편집기획자로 활약하면서 자기계발서, 경제실용서 분야의 책을 다수 출간했다. 쓴 책으로는 《박지성처럼 꿈꿔라!》《고장난 거대 기업(공제)》 등이 있으며, 〈청소년 롤모델 시리즈〉 중 《스티브 잡스 이야기》《힐러리 파워》《프라다 이야기》를 기획했다.

엔지니어 멘토 01

내 안에 잠든 엔진을 깨워라!

1판1쇄 발행 | 2014. 11. 11.
1판8쇄 발행 | 2023. 12. 1.

이현순 지음 | 전채연 구성

발행처 김영사 | 발행인 고세규
등록번호 제 406-2003-036호 | 등록일자 1979. 5. 17.
주소 경기도 파주시 문발로 197(우 10881)
전화 마케팅부 031-955-3100 | 편집부 031-955-3113~20 | 팩스 031-955-3111
ⓒ 2014 한국공학한림원
이 책의 저작권은 한국공학한림원에게 있습니다. 한국공학한림원과 출판사의 허락 없이
내용의 일부를 인용하거나 발췌하는 것을 금합니다.

값은 표지에 있습니다.
ISBN 978-89-349-6838-2 14320
ISBN 978-89-349-6843-6(세트)

좋은 독자가 좋은 책을 만듭니다. 김영사는 독자 여러분의 의견에 항상 귀 기울이고 있습니다.
전자우편 book@gimmyoung.com | 홈페이지 www.gimmyoungjr.com

이 시리즈는 산업통상자원부의 지원을 받아 **NAEK** 한국공학한림원과 김영사가 발간합니다.
이 도서의 국립중앙도서관 출판시도서목록(CIP)은 서지정보유통지원시스템 홈페이지
(http://seoji.nl.go.kr)와 국가자료공동목록시스템(http://www.nl.go.kr/kolisnet)에서 이용하실 수 있습니다.
(CIP제어번호 : CIP2014018386)